Emmanuel Maria Heufelder · Weite des Herzens

EMMANUEL MARIA HEUFELDER

WEITE DES HERZENS

Meditationen über den Geist der Benediktusregel

VERLAG FRIEDRICH PUSTET
REGENSBURG

Zweite Auflage 1979
ISBN 3 7917 0321 8

Umschlag Paul Günther Augsburg
Gesamtherstellung Friedrich Pustet Regensburg
Printed in Germany 1979

INHALT

»Die Regula Benedikts ist ein religiöses Schriftstück ersten Ranges, das immer nur von Gott redet, in dessen Dienst der Mönch steht. Von ihrer Größe und Tiefe kann nicht genug gesagt werden, sonst hätte sie sich nicht über 1400 Jahre in der Christenheit erhalten können. Wenigen Schöpfungen ist eine solche Dauer beschieden – man nannte sie schon das bedeutendste Monument des Mittelalters. Das Wort »Freude« komt in ihr nur einmal vor, wenn vom Halten des Osterfestes die Rede ist. Benedikt hatte es jedoch nicht nötig, sie speziell zu betonen, floß doch die ganze Regula aus einer inneren Fröhlichkeit heraus. Statt den Menschen traurig zu machen, versetzt sie ihn in eine geistliche Heiterkeit. Wie wenige Bücher ist sie geeignet, zu den teuersten Begleitern eines Menschen zu werden. Ihre Seele schenkt sie freilich bloß dem, der sie nicht nur liest, sondern auch versucht, sie in seinem Leben zu verwirklichen . . .

Von der reichhaltigen Geschichte des Benediktinertums gilt es stets wieder zu Benedikt und seiner Regel, als dem Quell der Erneuerung, zurückzukehren. Man kann sich diesen aufbauenden Menschen nicht vergegenwärtigen, ohne eine tiefe Sehnsucht nach dessen Nähe zu empfinden. Ein unstillbares Heimweh nach benediktinischer Geistigkeit beginnt sich zu regen, die etwas vom Frieden Christi widerspiegelt, der höher als alle Vernunft ist. Kein unbestimmtes Gefühl, das nach wenigen Minuten wieder vergeht, sondern ein verzehrendes Verlangen nach dem Gesegneten nimmt überhand und fängt in den Eingeweiden förmlich zu brennen an, wie es in den Psalmen heißt. Je tiefer man sich mit dem Verfasser der Regula einläßt, um so stärker ballt sich der Wunsch: »Wenn es doch nur zu einer geistigen Wiederkehr Benedikts käme!«

(Walter Nigg, Vom Geheimnis der Mönche
Artemis-Verlag Zürich und Stuttgart 1953, S. 176, 179)

WENN DAS HERZ WEIT GEWORDEN IST

Einleitung

»Der Weg des Heils kann am Anfang nicht anders als eng sein. Wenn man aber im geistlichen Wandel und im Glauben voranschreitet und wenn dadurch das Herz weit geworden ist, dann läuft man in der unaussprechlichen Wonne der Liebe den Weg der Gebote Gottes.«

(Vorrede)

In seinem anregenden Buch »Probleme-Prognosen einer kommenden Spiritualität« spricht Josef Sudbrack von der »verwirrenden Vielfalt im Angebot unserer Zeit für die christliche Spiritualität«, die ein »Kreuz« und eine »Chance« bedeute[1].

In einer solchen Zeit mag es hilfreich sein, hinzuweisen auf die »Spiritualität« eines der größten Geister der Vergangenheit, auf Benedikt von Nursia und seine Mönchsregel, in der diese Spiritualität ihren bleibenden Ausdruck gefunden hat.

Man soll nicht versuchen, aus dieser Regel ein System oder eine Synthese des geistlichen Lebens zu entwickeln. Das würde ihrem Geist widersprechen. Leben ist mehr als ein System, und die Regel will unmittelbar dem geistlichen Leben dienen. Benedikt selber betont, daß er durch seine Regel nichts anderes erstrebe, als seinen Mönchen zu helfen, »per ducatum Evangelii – unter Führung des Evangeliums« den Weg zu Gott zu gehen. Man darf wohl ohne Übertreibung sagen: Der Geist der Benediktusregel ist einfach der Geist des Evangeliums, freilich in der besonderen Ausprägung, die dieser Geist in der monastischen Lebensform gefunden hat, entsprechend dem Wort des Apostels Paulus: »Es gibt Verschiedenheit unter den Gnadengaben. Doch es ist derselbe Geist« (1 Kor 12,4).

[1] Würzburg 1969, S. 141.

Diese besondere Ausprägung begründet für Benedikt nicht so etwas wie einen »Stand der Vollkommenheit« (ein solcher Gedanke lag ihm völlig fern), der die Mönche von den Christen, die nicht Mönche sind, isoliert oder gar über sie erhebt. Die Regel läßt klar erkennen, was an der monastischen Lebensform – weil aus dem Geist des Evangeliums kommend – überzeitlich und allgemein gültig ist und darum auch für Christen, die nicht Mönche sind, richtungweisend sein kann, und was nur für die monastische Gemeinschaft gilt und zeitbedingten Charakter hat. Das ist wohl ein Hauptgrund dafür, daß die Benediktusregel heute nach 1400 Jahren nicht nur in den Klöstern noch lebendig ist, sondern darüber hinaus auch Christen in der Welt Wesentliches zu sagen hat. Diese Erfahrung machen wir immer neu in den Kursen »Kloster auf Zeit«, in denen Christen aus den verschiedensten Berufsgruppen und Altersstufen das monastische Leben gewöhnlich für zwei Wochen mitleben.

Es soll im folgenden versucht werden, in der Art, wie ich das in Niederaltaich bei »Kloster auf Zeit« zu tun pflegte, von der Benediktusregel ausgehend, die *Grundhaltungen* aufzuzeigen, die das Benediktinische Leben »unter Führung des Evangeliums« bestimmen, und so den »Geist« zu erfassen, »von dem unser hl. Vater Benediktus sich leiten ließ«, wie es in einem alten Gebet der Kirche heißt – Grundhaltungen, die auch für das Leben der Christen in der Welt gelten. Wer mit offenem Herzen diese Gedanken aufnimmt, wird entdecken, wie verwandt diese Grundhaltungen den »Grundstrukturen« sind, die Josef Sudbrack für so wichtig hält[2]; wie schon bei diesem alten Mönchsvater echte »Einheit und Vielfalt« gegeben ist, gesunde »Realität«, erstaunliche Offenheit verbunden mit kluger »Unterscheidungsgabe«. »Discretio« ist für Benedikt die »Mutter der Tugenden« (64)[3].

[2] A. a. O. S. 141 f.

[3] Ziffern in Klammern bezeichnen jeweils das Kapitel der Benediktusregel, dem das Zitat entnommen ist.

Die Botschaft der Benediktusregel will nichts anderes bieten »als die uralte Botschaft von Gottes- und Nächstenliebe, von Hinwendung zum Herrn und Dienst am Mitmenschen«[4].

Ich sehe eine gütige Fügung darin, daß ich diese Erwägungen über die Benediktusregel abschließen kann in meinem 50. Profeßjahr. Am 16. Februar 1920 durfte ich in meiner Profeß-Abtei Schäftlarn die Ordensgelübde »nach der Regel des hl. Benediktus« ablegen.

So sei dieses Buch ein Dank an Gott für das, was ich in den vergangenen 50 Jahren aus dieser Regel an Weisung und Kraft empfangen habe und was ich in Vorträgen, Exerzitien und in den Kursen »Kloster auf Zeit« auch an viele Menschen in der Welt weitergeben konnte. Der Leser wird spüren, daß die Gedanken, die ihm hier vorgelegt werden, nicht am Studiertisch erdacht, sondern dem Verfasser in diesen langen Jahren durch Gottes Gnade zugewachsen sind, nicht zuletzt durch die lebendige Beziehung zu Menschen, die sich den Weisungen des hl. Benedikt bereitwillig geöffnet haben. Aus dieser Art der Entstehung des Buches — aus eigenen Meditationen und dem Austausch mit hörenden Menschen — erklärt sich, daß sich manche Gedanken wiederholen, daß auf manche Dinge wiederholt, aber in immer neuen Zusammenhängen hingewiesen wird. So werden die Leser das, was mir und anderen geschenkt wurde, auch nur dann recht verstehen können, wenn sie das Gesagte besinnlich, meditierend, »horchend« (wie Benedikt sagen würde) aufnehmen und auf sich wirken lassen.

Ich widme das Buch dankbar meinen Mitbrüdern in Schäftlarn und Niederaltaich, die mit mir in die »Schule des Herrendienstes«, die Benedikt mit seiner Regel einrichten wollte, gegangen sind — auch allen Brüdern und Schwestern anderer benediktinischer Klöster, die mir Wegweiser und Weggefährten waren in diesen 50 Jahren. Vor allem aber widme ich dieses Buch dem »kommenden Ge-

[4] Sudbrack a. a. O. S. 151.

schlecht«, in der festen Überzeugung, daß diese Regel auch in der Zukunft ihre Kraft erweisen wird.

Kein Geringerer als Papst Benedikt XV. hat kurz nach dem Ausbruch des Ersten Weltkrieges im September 1914 dem damaligen Abtprimas der Benediktinischen Konföderation, Fidelis v. Stotzingen, erklärt: Mit dem Krieg, der eben ausgebrochen sei, beginne eine »neue Zeit«; es werde ein Umbruch in allen Lebensbereichen erfolgen, ähnlich wie zur Zeit Benedikts im Übergang vom Altertum zum Mittelalter. Er habe bewußt den Namen Benedikt als Papst angenommen, um »die neue Zeit, die jetzt beginne, so auf Gott hinzuweisen, wie Benedikt einst das anbrechende Mittelalter auf Gott hingewiesen habe«.

Ich weiß noch, wie dieses Papstwort mich als jungen Mönch innerlich gepackt hat. Es gab mir die frohe Gewißheit, daß unsere Zeit der Unruhe und des Umbruchs von Gott her nicht ein Ende, sondern einen neuen Anfang bedeutet. Papst Johannes XXIII., der Gütige, mit seinem »weiten Herzen«, hat diese Sicht bestätigt, wenn er in prophetischer Sicherheit immer wieder von einem »Neuen Pfingsten« sprach, das für die Welt und die Kirche kommen werde.

Darum endet das Buch auch mit einer hoffnungsfrohen Betrachtung über die »Barmherzigkeit Gottes, an der wir«, wie Benedikt sagt, »niemals verzweifeln dürfen«, und über die »Freude des Heiligen Geistes«, der auch heute noch Macht hat, »das Angesicht der Erde zu erneuern«.

Daß eine Neuauflage des Buches dringend gewünscht wurde, ist ein Zeichen, daß der Geist des hl. Benedikt immer noch Menschen unserer Zeit anspricht. Wesentliches brauchte an der Neuauflage nicht geändert zu werden.

Advent 1978

Emmanuel Maria Heufelder
Altabt von Niederaltaich

OBSCULTA – HORCHE!

»Horche, mein Sohn, auf die Weisungen des Meisters! Neig her das Ohr deines Herzens, nimm die Mahnung des gütigen Vaters willig auf und erfülle sie im Werk, damit du durch die Mühe des Gehorchens zurückkehrst zu dem, von dem du dich entfernt hattest in der Trägheit des Nichtgehorchens!«

(Vorrede)

›*Obsculta – horche!*‹ Dieses erste Wort der Benediktusregel ist von grundlegender und wegweisender Bedeutung. »Horche« meint freilich nicht ein oberflächliches Hinhören, sondern ein Horchen des ganzen Menschen von innen her – »neig her das Ohr deines Herzens!« – Es schließt in sich die Bereitschaft, dem, was man hört, auch zu gehorchen.

Wie wenige Menschen sind fähig und bereit, in diesem Sinne wirklich zu horchen! Ein Hauptgrund aller Uneinigkeit, aller Mißverständnisse unter uns Menschen ist doch dies, daß wir uns nicht ehrlich bemühen, auf den andern zu horchen, ihn zu verstehen, seinen Gedanken und Wünschen gerecht zu werden. So ist es schon in der Familie, so bei Auseinandersetzungen in größerem Kreis, in Parlamenten und anderswo. Man spricht heute so viel vom »Dialog«. Wo die Bereitschaft, aufeinander zu hören, fehlt, kommt es höchstens zu einer Aufeinanderfolge von Monologen. Auch für die gegenwärtige Krise und Unruhe in der Kirche, für die Gegensätze zwischen den »Vorwärtsdrängenden« und denen, die das Bisherige bewahren zu müssen glauben, liegt die tiefste Ursache darin, daß wir zu wenig aufeinander horchen, uns nicht in echter Offenheit und Liebe bemühen, die Anliegen unserer Gesprächspartner zu verstehen.

Auch für unser Verhältnis zu Gott ist die Fähigkeit und Bereitschaft zum Horchen entscheidend: »Jeder, der auf den Vater hört und sich von ihm belehren läßt, kommt zu mir« (Joh 6,45). Von Kierkegaard wird berichtet: »Als sein Gebet immer andächtiger wurde, da hatte er immer weniger und weniger zu sagen. Zuletzt wurde er ganz still.

Er wurde still, ja, was womöglich ein noch größerer Gegensatz zum Reden ist, er wurde ein Hörer. Er meinte erst, Beten sei Reden. Er erkannte aber, daß Beten nicht bloß Schweigen ist, sondern Hören. Und so ist es: Beten heißt nicht, sich selbst reden hören. Beten heißt, stille sein und harren, bis der Beter Gott hört.«

»Der Glaube kommt vom Hören«, sagt Paulus (Röm 10,16f). Es ist mit eine Ursache der gegenwärtigen Glaubenskrise, daß der Glaube überbetont als eine Sache des Verstandes gesehen und verkündet wurde. Grundlage des Glaubens ist aber der »Glaubensgehorsam« (Röm 1,5), die Bereitschaft, auf Gott zu hören und ihm zu gehorchen. So wurde uns der Glaube vorgelebt durch Abraham, den »Vater aller, die glauben« (Röm 4,11), dem Gott nicht zuerst Glaubenswahrheiten offenbarte, sondern an den ein Ruf Gottes erging, dem er in gläubigem Vertrauen gehorchte (Gen 12,1).

Die entscheidende Frage für die Glaubensverkündigung heute ist diese: Wie können wir die Bereitschaft zum Horchen und Gehorchen, die der hl. Benedikt als Grundlage unseres Verhältnisses zu Gott bezeichnet hat, wieder wecken?

Mit der Bereitschaft zum Horchen beginnt alles Leben, auch das göttliche Leben. Die Offenbarung sagt uns, daß in Gott einer ist, der spricht, und einer der horcht, der das, was der Vater spricht, so aufnimmt, daß er »das Wort« des Vaters ist: »Im Anfang war das Wort, und das Wort war zu Gott, zum Vater, hingewendet – und Gott war das Wort« (Joh 1,1).

Der Anfang der Benediktusregel: »Horche, mein Sohn«, ist wie das ferne Echo von dem, was im innersten Geheimnis des dreifaltigen göttlichen Lebens vor sich geht. Darum ist der menschgewordene Sohn Gottes in seinem irdischen

Leben der große Horchende und Ge-horchende. Er »urteilt, wie er hört« (Joh 5,30, vgl. 7,16). Er »war gehorsam bis zum Tod« (Phil 2,8).

Auch alles geschöpfliche Leben beginnt mit dem Horchen, ist Antwort auf den Ruf des Schöpfers. »Er ruft die Sterne, und sie sprechen: ›Hier sind wir‹. Und sie leuchten mit Freude für den, der sie schuf« (Baruch 3,35).

In besonderer Weise ist der Mensch geschaffenes Wort Gottes.

Wenn der ewige Vater sein unendliches Wesen im Innern des dreifaltigen göttlichen Lebens aus-sagt, dann ist es das ewige Wort, der dem Vater wesensgleiche Sohn, der ausspricht, was der Vater ist, »der Abglanz seiner Herrlichkeit und Abbild seines Wesens« (Hebr 1,3). Und wenn der Vater dieses Wort, wie Karl Rahner sich ausdrückt, »in die Leere des Nichts liebend hinaussagt«, dann entsteht der Mensch, als »Bild und Gleichnis Gottes, als die Selbstaussage Gottes, die Abkürzung, die Chiffre Gottes«[1]. Ein wunderbarer Gedanke: Der Mensch »Wort« Gottes! Das Leben eines jeden Menschen, in der einmaligen Besonderheit seines Wesens, Verwirklichung eines göttlichen Rufes! Darum mahnt Benedikt immer wieder zur Ehrfurcht vor der Besonderheit eines jeden Menschen. »Der Abt soll sich nach der Veranlagung und Einsicht eines jeden allen anpassen« (2). »Jeder hat eine besondere Gabe von Gott, der eine diese, der andere jene« (40). Darum sollen die Mönche »alle Menschen ehren« (4) und »sollen einander in Ehrfurcht zuvorkommen« (63,72).

Freilich, bei dem Wort, das Gott in der Erschaffung des Menschen spricht, ist es anders als bei der Erschaffung der unbeseelten Natur. Der Mensch soll und darf in der Freiheit der Liebe Ant-wort geben auf Gottes Ruf — darin liegt seine Würde. Aber er kann die Ant-wort »in der Trägheit des Nicht-gehorchens« auch verweigern. Dann »entfernt er

[1] Karl Rahner, Zur Theologie der Menschwerdung. Schriften zur Theologie IV 1961, S. 150; E. Heufelder, Neues Pfingsten, Meitingen [2]1970, S. 50.

sich« vom Urbild, nach dem er geschaffen ist. Dann gestaltet sich sein Leben nicht nach »Gottes Bild und Gleichnis«. Es wird zum Zerrbild. Der Mensch verfehlt den Sinn seines Daseins.

»Gott hat uns gnädig in die Zahl seiner Söhne aufgenommen. Da darf er doch nie durch unser böses Tun betrübt werden. Wir müssen ihm vielmehr mit den guten Gaben, die er in uns hineingelegt hat, allezeit gehorchen. Sonst müßte er wie ein erzürnter Vater seine Söhne enterben, ja als furchterweckender Herr, erbittert über unser böses Tun, uns als nichtswürdige Knechte der ewigen Pein überantworten, uns, die ihm nicht folgen wollten zur Herrlichkeit«[2].

Darum wird Benedikt nicht müde, diese Bereitschaft zum Horchen und Gehorchen in uns zu wecken. Eindringlich ruft er seinen Schülern zu: »Hören wir mit aufgeschrecktem Ohr, wozu uns die laut rufende Stimme Gottes täglich mahnt: ›Heute wenn ihr seine Stimme hört, verhärtet eure Herzen nicht!‹, und wiederum ›Wer Ohren hat zu hören, der höre, was der Geist zu den Gemeinden spricht!‹ Und was sagt er? ›Kommt, Söhne, höret mich: die Furcht des Herrn will ich euch lehren!‹«

Die Bereitschaft, auf Gott zu hören und ihm zu gehorchen, war die Grundhaltung aller Menschen, die sich von Gott gerufen wußten. »Rede, Herr, dein Diener hört«, betet der junge Samuel (1 Sam 3,10). »Herr, was willst du, daß ich tue?« fragt Saulus, da er seinen bisherigen Weg als falsch erkannte (Apg 9, 6). »Der Herr hat mir das Ohr geöffnet, das Wort zu wissen«, spricht der Gottesknecht bei Isaias. »Morgen für Morgen weckte er mir das Ohr, zu hören wie ein Jünger, und ich war nicht widerspenstig und wich nicht zurück« (Jes 50,4 f).

»Wir müssen also eine Schule des Herrendienstes einrichten«, sagt Benedikt, eine Schule, in der man dieses Horchen und Gehorchen lernen und üben kann. Man hat

[2] Alle Regelzitate in diesem Kapitel sind, soweit nicht eigens vermerkt, der Vorrede der Benediktusregel entnommen.

den hl. Benedikt in vergangenen Zeiten nicht selten als einen Mann übergroßer Strenge dargestellt, mit auf den Mund gelegtem Finger, der zum Schweigen mahnt, eine Rute im Arm, die Strafe androht. Wie unrichtig die geistige Haltung des Patriarchen der Mönche damit gezeichnet ist, erkennen wir aus den Worten Benedikts über seine »Schule des Herrendienstes«: »Bei Einrichtung dieser Schule hoffen wir nichts Hartes, nichts Schweres anzuordnen.«

Freilich das Kreuz ist nicht wegzudenken aus einem Leben der Nachfolge des Herrn. Die menschliche Natur ist nicht mehr »heil«. Sie ist verletzt und bedroht von der Sünde. Die Liebe, in der die Vollkommenheit besteht, verlangt Überwindung der Selbstsucht. »Wenn darum«, sagt Benedikt, »auch etwas strengere Forderungen gestellt werden müssen, weil Vernunft und Billigkeit es zur Läuterung von Fehlern und zur Bewahrung der Liebe verlangen, dann verlasse nicht gleich in Angst und Schrecken den Weg des Heiles, der am Anfang nicht anders als eng sein kann. Schreitet man voran im geistlichen Wandel und im Glauben, dann *wird das Herz weit – dilatato corde* – und in der unsagbaren Wonne der Liebe läuft man den Weg der Gebote Gottes.«

Wenn der Mensch auf Gott hört, hört Gott auch auf den Menschen. Dann entsteht jene Gemeinschaft der Liebe, zu der Gott den Menschen führen will: »Wenn ihr das tut, dann ruhen meine Augen auf euch und sind meine Ohren euren Bitten offen, und ehe ihr mich anruft, sage ich euch: Hier bin ich.«

HÖREN UND REDEN

»Reden und Lehren kommt dem Meister zu, Schweigen und Hören ziemt dem Schüler« (6).

Hören und Reden, Schweigen und Sprechen scheinen Gegensätze zu sein, auch nach dem eben zitierten Wort der Benediktusregel. Aber beides gehört innerlich zusammen, ist aufeinander bezogen. Reden wird nur wirksam, wenn die Bereitschaft zum Hören da ist, und wir reden nur in rechter Weise, wenn wir immer wieder in die Stille gehen und das »Hören« üben. Der Schöpfer, der uns das Ohr zum Hören gegeben hat, das äußere Ohr und »das Ohr des Herzens«, von dem Benedikt am Anfang seiner Regel spricht, schenkte uns auch die Gabe des Wortes. Was diese Gabe des Wortes bedeutet, erahnen wir, wenn uns Johannes die Frohbotschaft verkündet: »Im Anfang war das Wort und das Wort war bei Gott und Gott war das Wort« (Joh 1,1). Dieses »Wort« aber kommt aus dem Schweigen, aus der Stille des göttlichen Lebens: »Als tiefstes Schweigen alles umfangen hielt, da kam, o Herr, aus dem Himmel vom königlichen Thron herab Dein allmächtiges Wort« (Weish 18,14.15).

Auch Benedikt verbindet schweigendes Hören und Sprechen miteinander. Das 6. Kapitel seiner Regel »Von der Schweigsamkeit« wurde einseitig nur als Aufforderung zum Schweigen betrachtet. Dabei spricht Benedikt in diesem Kapitel ausdrücklich auch vom Reden, von »bösen Worten«, die der Mönch nicht sprechen darf, und von »guten, heiligen, erbauenden Gesprächen«. Bedeutsam ist, daß er vom Reden und Schweigen im Zusammenhang der sogenannten »Stufen der Demut« (Kap 7.: 9.–11. Demutsstufe) spricht[1]. Er sieht darin, wie der Mönch die Gabe des

[1] Vgl. E. M. Heufelder, Der Weg zu Gott nach der Regel des hl. Benedikt, Würzburg ²1964, S. 137 f. (Auslieferung durch Buchhandlung der Abtei D-8358 Schweiklberg, Post Vilshofen).

Wortes gebraucht oder nicht gebraucht, etwas Wesentliches für das geistliche Leben. Was er dabei sagt, gilt nicht nur dem Mönch, sondern auch dem Christen in der Welt, für den die angeführten Schriftworte ja auch Geltung haben.

Über Begriff und Inhalt der »Demut« (humilitas), die für Benedikt der Kern des geistlichen Lebens und Strebens ist, werden wir noch ausführlich nachdenken. »Demut« ist für Benedikt mehr als das, was das Wort in unserer Sprache unmittelbar bezeichnet. Es geht Benedikt dabei um die Überwindung der tiefsten Wurzel aller Unordnung im Menschen, um die Überwindung der Selbstsucht, der ungeordneten und sündigen Ich-Bezogenheit. Gerade hier aber ist es von Bedeutung, wie der Mensch sich in bezug auf Reden, Schweigen und Hören verhält. Was am lautesten in uns redet, was oft auch alle vernünftige Überlegung und jedes Verantwortungsbewußtsein übertönt, ist doch das selbstsüchtige Ich, das sich in den Mittelpunkt stellt, das auf niemand anderen hören will.

Darum ist es für Benedikt ein wesentliches Stück der Loslösung von Selbstsucht und Eigenliebe, daß »der Mönch zurückhaltend ist im Reden, daß er im Schweigen verharrt und nicht redet, bis er gefragt wird. Zeigt doch die Schrift, daß man beim Vielreden der Sünde nicht entgeht, und daß der geschwätzige Mann nicht den rechten Weg geht auf Erden« (Spr 10,19; Ps 139,12). Wenn wir überlegen, was die Forderung besagt, es soll einer die kostbare Gabe der Sprache nicht mißbrauchen, »bis er gefragt wird«, dann sind wir genau bei dem, was Benedikt mit der Bereitschaft zum »Hören« meint. Jener Priester und jener Levit im Gleichnis vom barmherzigen Samaritan »hörten« die Stimme Gottes nicht, als sie schweigend vorübergingen an dem Mann, der unter die Räuber gefallen war. Überall dort sind wir zum Reden und Handeln angerufen, wo ein Mitmensch unser Reden und Tun braucht, ein tröstendes oder ermunterndes Wort, ein Wort der Güte, auch vielleicht ein Scherzwort, ein Wort, das fröhlicher Unterhaltung dient, das innerlich löst und frei macht.

Von daher verstehen wir, warum Benedikt vor dem »Vielreden« warnt, vor leerem Geschwätz, vor »unnützen Worten«, vor Worten, die keinen Sinn haben und keine Frucht bringen. Er gebraucht dabei einen Ausdruck, den der Herr selber anwendet in der Mahnung: »Ich sage euch: über jedes unnütze Wort, das die Menschen reden, werden sie am Tage des Gerichtes Rechenschaft geben müssen« (Mt 12, 36). Darum mahnt Benedikt: »Der Mönch soll, wenn er spricht, ruhig und ohne Gelächter, bescheiden und mit Ernst, wenige und wohlbedachte Worte sprechen, nicht mit laut dröhnender Stimme, wie geschrieben steht: ›Den Weisen erkennt man an den wenigen Worten‹«[2].

Den besten Kommentar zu diesen Worten gibt uns Gregor d. Gr. in seiner Biographie des hl. Benedikt, wenn er schreibt: »Auch Benedikts gewöhnliche Sprache war nicht ohne Kraft und Gewicht. Da er sein Herz immer nach oben gerichtet hatte, kamen nie Worte fruchtlos aus seinem Mund« (Vita, Kap. 23).

Wie viele Worte, die gesprochen und geschrieben werden, sind »fruchtlos«, »unnütz«! Wie oft reden wir aneinander vorbei, weil wir nicht gleichzeitig hören!

Es gibt nicht nur »fruchtlose und unnütze Worte«. Es gibt auch »böse Worte, die man um der Strafe der Sünde willen meiden muß« (6). Benedikt führt in diesem Zusammenhang das Schriftwort an: »Tod und Leben liegen in der Gewalt der Zunge« (Spr 18, 21). Man könnte im

[2] Die Bedeutung des Ausdrucks »sine risu – ohne Gelächter« ist nicht mit einem einzigen Wort wiederzugeben. Was hier abgewiesen wird, ist jenes Sprechen, das lächerlich, oberflächlich, leichtfertig klingt, bis zum verletzenden spöttischen, sarkastischen Ton. Es geht um das, was E. Hengstenberg (Christliche Grundhaltungen, Paderborn 1938, S. 157/158, meint, wenn er schreibt: »Lachen muß in Demut geschehen, sonst ist es teuflisch ... Es ist etwas Erschreckendes um das ungute Lachen ... die Umkehr der christlichen Heiterkeit.« Zu dieser echten christlichen Heiterkeit fordert Benedikt ausdrücklich auf, wenn er im 5. Kapitel auf das Pauluswort verweist: »Einen fröhlichen Geber liebt Gott« (2 Kor 9, 7).

Blick auf dieses Schriftwort sehr ernste Betrachtungen anstellen über den Mißbrauch des Wortes in unserer Zeit. Wir müssen dem Mißbrauch des Wortes das Bemühen entgegenstellen, nach der Weisung Benedikts in rechter Weise zu hören und zu reden.

Es muß noch etwas gesagt werden zu den »guten, heiligen und erbauenden Gesprächen«, von denen Benedikt im 6. Kapitel seiner Regel spricht. Er meint damit Gespräche über religiöse Wahrheiten und über das geistliche Leben, wie sie damals in Klöstern üblich waren. Benedikt selber wußte sehr wohl um den Wert solcher Gespräche. Gregor berichtet, daß der Abt eines benachbarten Klosters, der Diakon Servandus, häufig den hl. Benedikt besuchte und daß sie dann in gegenseitiger Freude über das geistliche Leben miteinander sprachen. Ausführlich berichtete Gregor über das letzte Beisammensein Benedikts mit seiner Schwester Scholastika (Vita, Kap. 34, 35). Servandus und Scholastika waren sicher nicht die einzigen Menschen, mit denen Benedikt »gute, heilige und erbauende Gespräche« führte.

Es ist wohl des Nachdenkens und der Besinnung wert, wie weit es uns geschenkt ist – auch wie weit wir überhaupt fähig sind –, solche Gespräche zu führen. Über alle möglichen Dinge, wichtige und unwichtige, sprechen wir miteinander. Müßte nicht das »eine Notwendige« (Lk 10, 41) uns auch im gegenseitigen Gespräch wieder mehr beschäftigen? Wir erfahren doch immer neu, wie wir im Gespräch, bei dem jeder Gesprächspartner auf den anderen hört, und im »Wort«, das wir einander in Liebe und Offenheit schenken und voneinander empfangen, zu tieferer Erkenntnis gelangen. Auch da gilt Mt 18, 20: »Wo zwei oder drei in meinem Namen versammelt sind, da bin ich mitten unter ihnen.«

Freilich muß solches Reden aus echter Tiefe kommen, aus ehrlichem »Gott-Suchen«. Es kann auch das Gespräch über geistliche und theologische Dinge zu unfruchtbarem Geschwätz werden, zum »Vielreden«, vor dem Benedikt so nachdrücklich warnt. Von daher verstehen wir seine Zurückhaltung: »Auch wenn es sich um gute, heilige und erbauende Gespräche handelt«, sagt er, »soll wegen der Wichtigkeit der Schweigsamkeit auch vollkommenen Schülern nur selten Erlaubnis zum Reden gegeben werden ... Das Reden und Lehren kommt dem Meister zu, Schweigen und Hören ziemt dem Schüler« (6). Sicher würde der hl. Benedikt heute gerne zugestehen, daß das Verhältnis von Lehrer und Schüler, wenn es sich in rechter Weise entfaltet, weniger ein Gegenüber als ein Miteinander sein wird. Es ist doch nur der ein rechter Meister und Lehrer, der bereit bleibt, immer auch zu hören und zu lernen, also irgendwie immer auch Schüler zu bleiben im Sinn von Joh 6, 45, daß »alle belehrt sein werden von Gott«. Der »Dialog«, der für unsere Zeit als kennzeichnend gilt, wird nur dann fruchtbar sein, wenn die Gesprächspartner sich bemühen, in der Weise, wie Benedikt es sagt, zu hören und zu reden.

Wir glauben an die Macht der »guten Worte«, weil wir glauben an das Wort, das Gott selber einst »auf vielerlei Weise zu den Vätern gesprochen hat durch die Propheten und das er in dieser Endzeit zu uns gesprochen durch den Sohn« (Hebr 1, 1), als »das Wort Fleisch wurde« (Joh 1, 14).

Dieses Wort kann nicht unwirksam bleiben. Wir halten es mit Dietrich Bonhoeffer, der einmal sagte: »Es ist nicht unsere Sache, den Tag vorauszusagen – aber der Tag wird kommen, an dem wieder Menschen berufen werden, das Wort Gottes auszusprechen, daß sich die Welt verändert und erneuert.«

WAHRHAFT GOTT SUCHEN

»Man achte darauf, ob er (der Neuankömmling) wahrhaft Gott sucht« (58).
»Durch die Mühe des Gehorsams sollst du zu dem gelangen, von dem du in der Trägheit des Ungehorsams abgewichen warst« (Vorrede).
»Zuerst: Gott, den Herrn lieben aus ganzem Herzen, aus ganzer Seele, mit allen Kräften« (4).

»Daß einer wahrhaft Gott suche«, ist für Benedikt das erste und entscheidende Kennzeichen, ob jemand geeignet ist für seine »Schule des Herrendienstes«, wie er sein Kloster nennt (Vorrede).

Wir leben in einer Zeit, in der auch der Name und Begriff »Gott« vielen fragwürdig geworden ist. Man spricht von einem »Schwinden der Gotteserfahrung«, von einer »Abwesenheit Gottes« als Merkmal unserer Zeit. Ja man sagt: »Die Gottes-Finsternis, die über der Menschheit liegt, war noch nie so dicht und auch so verbreitet, seitdem es Menschen gibt«[1].

An diesem Sachverhalt ist die christliche Verkündigung mit schuld. Wir haben es uns mit der Botschaft von Gott allzu leicht gemacht. Wir haben vergessen, daß Gott ein unbegreifliches Geheimnis ist, daß es frei geschenkte Gnade ist, wenn wir von Gott Kunde erhalten. Karl Rahner hat recht, wenn er fordert, daß der Priester von Gott sprechen muß »wie ein Mensch von Heute, dem das Wort ›Gott‹ nicht leicht und erst recht nicht leichten Sinnes über die Lippen kommt, der sich nicht anmaßt, dieses Geheimnis umgriffen zu haben«[2].

Wenn wir darauf achten, wie Benedikt in seiner Regel

[1] Heinz Schürmann, Und Finsternis legte sich über das ganze Land — Ein Rekollektions-Vortrag über die Situation der Kirche. Bibel u. Liturgie, Biblisch-liturgische Quartalsschrift, Nr. 3, 1969.
[2] Karl Rahner, Im Heute glauben, Einsiedeln-Köln 1966, S. 21.

von Gott spricht, spüren wir, wie er bis ins Innerste von Ehrfurcht erfüllt ist gegenüber dem unbegreiflichen Geheimnis »Gott«, gegenüber dem »Dominus Deus universorum«, gegenüber »Gott, dem Herrn des Alls«. Anbetend und lobpreisend vor diesem Gott zu stehen, ist ihm der vornehmste Dienst, zu dem er seine Mönche ruft.
»Laßt uns Lob darbringen unserem Schöpfer!« (16). »Wenn wir zum göttlichen Dienst beisammen sind, denken wir immer daran, was der Prophet sagt: ›Dienet dem Herrn in Furcht!‹ Und wiederum: ›Psallieret weise‹; und: ›Im Angesicht der Engel will ich dir lobsingen‹. Erwägen wir also, wie man im Angesicht Gottes und seiner Engel sein muß, und stehen wir so beim Psalmengesang, daß unser Herz in Einklang ist mit unserem Wort!« (19).

Tief durchdrungen ist Benedikt vom Gedanken der Allgegenwart und Allwissenheit Gottes. Die geheimsten Gedanken, die feinsten Regungen des Willens: alles liegt offen vor dem allwissenden Gott. »Gott durchforscht Herz und Nieren, ... du durchschaust meine Gedanken von ferne, ... du weißt um all mein Begehren« (7).

Benedikt weiß sich bis ins letzte abhängig von Gott. Er ist sich bewußt: sein ewiges Schicksal hängt davon ab, daß er zu diesem Gott das rechte Verhältnis hat. »Die erste Stufe der Demut besteht darin, daß man sich die Gottesfurcht immer vor Augen hält und nie darauf vergißt. Immer erwäge der Mensch in seinem Herzen, wie die Gottesverächter wegen ihrer Sünden im Feuer der Hölle brennen, wie aber denen, die Gott fürchten, das ewige Leben bereitet ist« (7). Die Menschen unserer Tage hören nicht gerne von der Hölle. Aber sagt nicht der Herr selbst: »Fürchtet euch nicht vor denen, die den Leib töten, die Seele aber nicht zu töten vermögen; fürchtet vielmehr den, der Seele und Leib ins Verderben der Hölle zu stürzen vermag« (Mt 10, 28)? Das Wissen, daß wir unser ewiges Ziel auch verfehlen können, muß uns Ansporn sein, »unsere Lenden zu umgürten mit Glaube und Übung guter Werke und unter der Führung des Evangeliums seine Wege zu wandeln, damit wir den zu schauen verdienen, der uns in sein Reich gerufen hat«. Gott will ja niemand verdammen. »In seiner Vatergüte sagt der Herr: ›Ich will nicht den Tod des Sünders, sondern daß er sich bekehre und lebe‹ ... Wenn wir den Qualen der Hölle entrinnen und zum ewigen Leben gelangen wollen, so müssen wir jetzt, solange es noch Zeit ist und wir in diesem Leibe weilen ... eilends tun, was uns für die Ewigkeit frommt« (Vorrede zur Regel).

»Seht, in seiner Vatergüte zeigt uns der Herr den Weg zum Leben.« Ewiges Leben bedeutet Gemeinschaft der Liebe mit Gott, »Wohnen in seinem Zelte«. Liebe aber gibt es nur in Freiheit. Gerade die erschreckende Wahrheit, daß ein Mensch sich dem Anruf der göttlichen Liebe auch verschließen kann, zeigt uns, wie ernst dieses Angebot der Liebe Gottes gemeint ist. Gott will uns nicht als »Sklaven«, sondern als echte Kinder, die den »Geist der Kindschaft empfangen haben, in dem wir rufen: Abba, Vater« (2; vgl. Röm 8, 15).

Am Schluß seiner Regel (72) faßt Benedikt unser Verhältnis zu Gott zusammen in den Satz: »Amore Deum timeant – in Liebe sollen sie Gott fürchten.« Die echte Gottesfurcht führt zur Gottesliebe. »Wenn der Mönch alle Stufen der Demut (deren erste und grundlegende die Gottesfurcht ist) erstiegen hat, gelangt er alsbald zu jener Gottesliebe, die in ihrer Vollendung die Furcht austreibt (1 Joh 4, 18). In dieser Liebe beginnt er alles, was er vorher nicht ohne Widerstreben beobachtete, ohne Mühe zu tun, infolge guter Gewöhnung, wie natürlich, nicht mehr aus Furcht vor der Hölle, sondern aus Liebe« (7). »Das Herz ist weit geworden und er läuft den Weg der Gebote Gottes in der unaussprechlichen Wonne der Liebe« (Vorrede).

Diesen Gott, den wir »in Liebe fürchten sollen«, müssen wir »suchen«. Wir erinnern uns an die Gedanken von der »Abwesenheit Gottes« in unserer Zeit, mit denen wir diese Betrachtung begonnen haben. Schon ist aber auch eine neue Sehnsucht nach Gott zu spüren, ein Verlangen nach Verinnerlichung. Es gibt immer mehr Menschen, die »Gott wahrhaft suchen«. Das gibt neue Hoffnung. »Wer sucht, der findet« (Mt 7, 8; Lk 11, 10).

Was sagt uns Benedikt darüber, wie wir »Gott suchen« sollen und wie wir ihn finden können?

Eine alte Legende erzählt von einem Rabbi, zu dem ein Schüler kam mit der Frage: »Meister, früher gab es Menschen, die Gott von Angesicht zu Angesicht gesehen haben, die ihn gesprochen, erfahren und erlebt haben. Warum gibt es das heute nicht mehr?« Der Rabbi schwieg. Nach einiger Zeit sagte er: »Weil sich niemand mehr so tief bücken kann.«

Wenn wir Gott finden wollen, müssen wir uns jene Haltung zu eigen machen, die Benedikt mit »humilitas – Demut« bezeichnet. Wir müssen »uns bücken« vor Gott in demütigem Flehen (20), im Dienst der Anbetung (19). Wir müssen uns beugen vor ihm wie der Zöllner im Bewußtsein unserer geschöpflichen Nichtigkeit und Sündigkeit (7.12. Stufe der Demut). Wir müssen das Geheimnis des »Kleinwerdens wie ein Kind« verstehen, von dem der Herr immer wieder spricht (Mt 11, 25; Mk 10, 15).

Wir müssen uns auch vor den Menschen »bücken«, in der Bereitschaft, ihnen zu dienen (72). Dann erfahren wir die Wahrheit des Herrenwortes: »Jeder, der sich erniedrigt, wird erhöht« (6; Lk 14, 11; 18, 14; Mt 23, 12).

Wenn wir Gott in solcher Weise »wahrhaft suchen«, werden wir ihn mehr und mehr finden. Ja, wir erfahren, daß Gott uns entgegenkommt, daß er selber uns sucht wie »der gute Hirt, der die 99 Schafe auf den Bergen zurückließ und sich aufmachte, um das eine verirrte Schaf zu suchen« (27). Wir erfahren etwas von dem, was ein Gottsucher unserer Tage in die Worte kleidete: »Die Geschichte der Menschheit ist wahrhaft eine aufregende Sache. Aber die aufregendste ist die Sache mit Gott. Das Suchen der Menschen nach Gott und die nie verstummende leidenschaftliche Frage, wer er ist. Dennoch verschlägt es uns völlig den Atem, wenn wir hören, daß Gott die Menschen sucht, weil er sie liebt«[3].

[3] Christ in der Gegenwart, 4. Juni 1967.

PERSÖNLICHES GEBET UND MEDITATION

»Meine erste Mahnung ist: in inständigstem Gebet sollst du Gott bitten, daß er das Gute, das du jetzt beginnst, zur Vollendung führe!« (Vorrede).

Mit Gebet (oratio) meint Benedikt hier zunächst das Gebet ganz allgemein, im besonderen aber das persönliche Gebet. Im Unterschied zum Gotteslob der Gemeinschaft, an dem alle Glieder der Gemeinschaft sich beteiligen müssen, ist das persönliche Gebet in die Freiheit des einzelnen gestellt. »Wenn einer still für sich beten will«, sagt Benedikt im Kapitel über das Oratorium des Klosters (52), »trete er einfach ein und bete.« Aber er mahnt eindringlich: »Dem Gebet häufig obliegen!« Seine erste konkrete Weisung zu Beginn der Regel ist die oben angeführte Mahnung zu inständigem Gebet.

Gebet ist heute auch fragwürdig geworden. Hat Gebet einen Sinn? Wie kann man richtig beten?

Für den, der überzeugt ist, wie Benedikt in der Vorrede zur Regel sagt, »daß er das Gute nicht aus eigener Kraft vermag, sondern daß es vom Herrn gewirkt wird«, ist das Gebet selbstverständlich. Das lebendige Wasser hört auf zu fließen, wenn die Quelle, aus der es kommt, versiegt. »Getrennt von mir könnt ihr nichts tun«, sagt der Herr im Gleichnis vom Weinstock. »Wie der Zweig nicht Frucht bringen kann aus eigener Kraft, er bleibe denn im Weinstock, so auch ihr nicht, wenn ihr nicht in mir bleibt« (Joh 15,1 f). Durch das Gebet bleiben wir als Rebzweige mit Christus, dem Weinstock, verbunden oder – um ein Bild des hl. Paulus zu gebrauchen, als Glieder am Leib Christi, mit Christus als Haupt.

Dieses paulinische Bild bringt gleichzeitig die Verbundenheit der Glieder des Leibes untereinander ins Bewußtsein, nach dem Gesetz: »Wenn ein Glied leidet, so leiden alle Glieder mit, und wenn ein Glied ausgezeichnet ist, so haben alle an seinem Wohlsein Anteil« (1 Kor 12, 26). Darum ist das Gebet füreinander und miteinander für das Wachstum und das Wohlbefinden des Leibes der Kirche, wie des »Leibes des Klosters« (61) wesentlich.

Wenn Brüder außerhalb des Klosters tätig sein müssen, dann ist das Gebet die Kraft, die sie mit der Gemeinschaft verbunden hält. Sie selber »sollen die festgesetzten Gebetszeiten nicht vorübergehen lassen, sondern sie, so gut sie können, für sich einhalten (50). Von seiten der Gemeinschaft aber »soll beim Schluß des Chorgebetes immer aller Abwesenden gedacht werden« (67)[1].

Der Herr selbst weist immer wieder durch sein Wort (Mt 7, 7.8; Mk 11, 24; Joh 14, 13.14) und durch sein Beispiel (Mt 11, 25; 14, 23; 26, 39 f u. a.) auf die Notwendigkeit des Gebets hin. Gott kann uns seine Gnade nicht aufzwingen. Der Mensch muß in der Freiheit der Liebe die angebotene Gnade annehmen. Das Gebet ist Ausdruck der Bereitschaft, uns dem »Antrieb und der Eingebung der göttlichen Gnade« zu öffnen (20).

Die Apostel betrachten das Gebet als etwas, was entscheidend mit ihrer apostolischen Sendung zusammenhängt. Sie setzen Diakone ein, damit sie »selbst dem Gebet und dem Dienst des Wortes obliegen können« (Apg 6, 4).

Eindringlich mahnt Paulus in seinen Briefen zum Gebet. Vom Gebet seiner Gläubigkeit erhofft er Wirkkraft für seine Verkündigung: »Betet für uns, daß Gott uns eine Tür öffne für das Wort, das Geheimnis Christi zu künden, damit ich es kundtue, wie ich davon reden soll!« (Kol 4, 2.3; Eph 6, 18.19).

Der hl. Benedikt sagt über die rechte Art des Betens und über das Wesen des Gebets überhaupt: »In aller Demut und reiner Hingabe muß man zu Gott, dem Herrn des Alls, flehen. Wir müssen uns bewußt sein, daß wir nicht durch viele Worte, sondern in Lauterkeit des Herzens und in-

[1] Vgl. das Kapitel »Benediktinische Gemeinschaft«, S. 92.

nerer Ergriffenheit (Tränen der Zerknirschung) Erhörung finden« (20). Dreimal hintereinander betont Benedikt in diesem Kapitel, daß das Gebet lauter und echt sein muß (oratio pura), Ausdruck echter Hingabe an Gott. Nur in dem Maß, als der Mensch sich Gott anheimgibt in »Lauterkeit des Herzens«, in einer sein ganzes Wesen umfassenden Hingabe, kann auch Gott sich dem Menschen schenken und die Vereinigung mit dem Gott, der »die Liebe ist« (1 Joh 4, 8) ist ja letztes Ziel allen Betens.

So umfaßt die »oratio« bei Benedikt und im alten Mönchtum alle Arten persönlichen, inneren Betens: vom einfachen, schlichten Rufen zu Gott bis zu den höchsten Stufen mystischer Gebetsvereinigung mit Gott. Immer geht es um das, was Thomas von Aquin in die Worte gekleidet hat: »Orando tradit homo mentem suam Deo: Im Beten gibt der Mensch Gott sein Herz, sein Innerstes hin.«

Weil das rechte Beten »nicht in vielen Worten«, sondern »in der Lauterkeit des Herzens« besteht, sagt Benedikt, »muß das Gebet kurz und lauter sein – brevis debet esse et pura oratio«. Intensive, bewußte Hingabehaltung (so könnten wir den Ausdruck »intentio cordis«, den Benedikt in c. 52 in bezug auf das Gebet gebraucht, deuten) kann nicht dauernd festgehalten werden. Aber auch ein Kurzgebet, wenn es »pura oratio«, echtes, lauteres Beten ist, kann die ganze Hingabe eines Menschen ausdrücken, wie das Gebet des Zöllners im Tempel (Lk 18, 13), auf den Benedikt verweist (12. Demutsstufe) oder der Gebetsruf des Apostels Thomas: »Mein Herr und mein Gott!« (Joh 20, 28), als er, überwältigt von der Wirklichkeit und von der Güte des Auferstandenen vor ihm niedersank. Ist das Wort der Mutter des Herrn in der Stunde der Verkündigung: »Siehe, ich bin die Magd des Herrn, mir geschehe nach deinem Wort!« (Lk 1, 38), nicht auch ein »Kurzgebet«, in dem sie ihre ganze Hingabebereitschaft ausdrückte? Noch mehr trifft das zu auf das Gebet des Herrn am Ölberg: »Mein Vater, wenn es möglich ist, gehe dieser Kelch an mir vorüber. Doch nicht wie ich will, sondern wie du willst«

(Mt 26, 39). Markus überliefert uns vom Gebet des Herrn am Ölberg das Wort, mit dem der Herr seinen Vater in der Ursprache unmittelbar anredete: Abba, Vater! (Mk 14, 36).

»Abba – Vater!« Das ist die tiefste »brevis et pura oratio«. Es ist das Kernwort der Offenbarung Gottes, es begreift alle Geheimnisse der göttlichen Liebe und Erbarmung in sich. Nach dem hl. Paulus sollen wir Christen dieses »Kurzgebet« eigentlich immer wieder sprechen, »getrieben vom (Heiligen) Geist der Kindschaft, den wir empfangen haben«, vom Geist des Sohnes, den der Vater in unsere Herzen gesandt hat, daß »Er, der Geist selber, es in uns rufe« (Röm 8, 14.15 – Benedikt hat diese Stelle als wegweisendes Wort in das 2. Kapitel seiner Regel hineingesetzt – Röm 8, 26; Gal 4, 6). Joseph Ratzinger deutet das Wort[2]:

»Zu den wenigen kleinen Kostbarkeiten, in denen uns die Urgemeinde unübersetzt das aramäische Reden Jesu festgehalten hat, weil sie besonders auffallend darin ihn selbst vernahm, gehört die Anrede Abba – Vater. ›Abba‹ stellt eine Formel des intimen Zueinander dar (dem Wort ›Papa‹ vergleichbar, wenn auch gehobener als dieses) . . . Das Abba der Gottesanrede Jesu enthüllt das Herzstück seines Gottverhältnisses . . . Wir blicken hinein in die Gebetserfahrung Jesu, in jene Nähe zu Gott, die seine Gottesbeziehung von der aller anderen Menschen unterscheidet, die aber dennoch keine Exklusivität will, sondern darauf ausgerichtet ist, die anderen mitaufzunehmen in das eigene Gottesverhältnis. Sie will sie gleichsam in die eigene Weise des Stehens zu Gott hineinnehmen, so daß sie mit Jesus und in ihm ebenso wie er ›Abba‹ zu Gott sagen können: Keine Grenze der Ferne soll sie scheiden, sondern jene Intimität soll sie mit umgreifen, die in Jesus Wirklichkeit ist.«

[2] J. Ratzinger, Einführung in das Christentum, München ^{7}1968, S. 180 f.

Immer neue Nahrung bekommt das Gebet durch die »lectio divina, die göttliche Lesung«, der Benedikt im Tageslauf seiner Mönche einen beträchtlichen Raum zuweist (48). Die Bezeichnung »göttliche Lesung« drückt aus, daß Benedikt kein flüchtiges Überfliegen heiliger Texte meint[3], sondern ein aufmerksames Horchen auf den gegenwärtigen Herrn, der durch sein Wort zu uns spricht, ein meditierendes Sichversenken in die Gedanken, die die Lesung bietet. Solche Lesung wird dann von selber immer wieder zu persönlichem Gebet, zum Versuch einer Ant-wort auf Gottes Wort. So wird das Gebetsleben immer reicher und tiefer, besonders wenn ernst genommen wird, was Benedikt seiner Weisung, daß »das Gebet kurz und lauter sein soll«, hinzufügt: »außer es wird durch den Antrieb und die Eingebung der göttlichen Gnade verlängert« (20).

Vielfach haben wir für das geistliche Leben allzusehr feste Normen gesucht, haben genaue Zeiten bestimmt für Lesung, Betrachtung und andere geistliche Übungen. Sicher hatte das seinen Sinn und ist immer noch, besonders für den Anfänger im geistlichen Leben notwendig, ist hilfreich auch für Zeiten, da wir in Gefahr sind, lau und oberflächlich zu werden. Aber wir haben dadurch den Blick verloren für die »Freiheit der Kinder Gottes«, die immer offen sein müssen für den »Antrieb und die Eingebung der göttlichen Gnade«. Haben wir damit nicht auch der Freiheit des göttlichen Geistes selber eine Grenze gesetzt, der »wirkt, wo er will« (Joh 3, 8)?

Alles Beten, alles Gespräch mit Gott, aller Versuch, mit Gott eins zu werden, besonders das innerliche Beten auf den höheren Gebetsstufen, ist Gnade, freies Angebot der göttlichen Liebe. Darum mahnt uns das erste Wort der Benediktusregel: bereit zu sein zum Horchen und Gehor-

[3] Er betont nachdrücklich, daß die Mönche die Bücher, die »sie in der Fastenzeit aus der Bibliothek empfangen, der Reihe nach und vollständig lesen sollen« (48).

chen, offen für den »Antrieb und die Eingebung der göttlichen Gnade«.

Die Theologie des geistlichen Lebens kennt verschiedene Weisen des Gebetes: das mündliche Gebet (das Beten nach vorgegebenen Gebetsformeln), das betrachtende Gebet (das verweilende Nachdenken über religiöse Wahrheiten) und das Affektgebet. Dieses letztere dürfen wir wohl gleichsetzen mit dem »Kurz-Gebet«, wie wir es beschrieben haben. Es wurde im alten Mönchtum nach dem Zeugnis des hl. Augustinus eifrig geübt[4] und hat im östlichen Mönchtum eine besondere Form gefunden im Jesusgebet[5]. Daneben war, wie schon gesagt, die meditierende Lesung eine Hauptquelle des geistlichen Lebens. Wir haben in der Benediktinerregel einige kurze Hinweise für die Art solch betrachtenden Lesens.

In die Vorrede zur Regel sind Teile des 33. und des 14. Psalms eingefügt. Der Lesende nimmt die einzelnen Psalmverse langsam und besinnlich auf. Bei einigen verweilt er, fügt eigene Gedanken dazu. So hört er den Vers »Die Augen des Herrn sehen auf den Gerechten und seine Ohren sind ihren Bitten geneigt« als ganz persönlichen Ruf des Herrn: »Meine Augen ruhen auf euch und meine Ohren sind euren Bitten offen« und ergänzt dies durch das Wort aus Isaias (58, 9): »Ja, bevor ihr mich anruft, sage ich: Seht, da bin ich.« »Was gibt es Wonnevolleres für uns«, führt Benedikt den Gedanken weiter, »als diese Stimme des Herrn, die uns einlädt, teuerste Brüder? Seht, in seiner Vatergüte zeigt uns der Herr den Weg zum Leben!«

[4] »Man sagt, daß die Brüder in Ägypten häufige Gebete haben, aber diese ganz kurz und gewissermaßen schnell geschleudert (etwa unserem Stoßgebet entsprechend) Dicuntur fratres in Aegypto crebras quidem habere orationes sed eas tamen brevissimas et raptim quodam modo iaculatas« (Augustinus, Ep. CXXX, 20).

[5] Selawry, Herzensgebet, Ulm/Donau 1964; Das Herzensgebet, Mystik und Yoga der Ostkirche, München-Planegg, 1955. – Emmanuel von Severus, Das Glutgebet, Düsseldorf 1966.

Im 7. Regelkapitel finden wir in der Darstellung gleichsam eine Betrachtungsskizze der ersten Demutsstufe über die Allgegenwart und Allwissenheit Gottes, darüber wie Gott bei unseren Gedanken, bei allen Willensregungen und unguten Begierden uns gegenwärtig ist. Es werden uns Kurzgebete, kurze Psalmverse in den Mund gelegt, durch die der Betreffende dann während des Tages sich immer neu in den Blick des allwissenden Gottes stellen kann: »Gott durchforscht Herz und Nieren – Du kennst meine Gedanken von weither – Dein Wille geschehe an uns – vor dir ist all' mein Begehren«[6].

Das 27. Kapitel bietet eine knappe Betrachtungsskizze über das Gleichnis vom guten Hirten mit praktischen Anwendungen für den Abt, der »das gütige Beispiel des Guten Hirten nachahmen soll«, und was da gesagt ist, mag wohl nicht nur für den Abt gelten. Nach dem mündlichen Gebet, dem betrachtenden Gebet und dem Affektgebet spricht die Theologie des geistlichen Lebens vom Gebet der Einfachheit und von dem, was wir heute besonders meinen, wenn wir von Meditation und Kontemplation sprechen. Benedikt handelt nicht eigens davon. Im Schlußkapitel nennt er seine Regel auch ausdrücklich eine »kleine Anfangsregel« und weist hin auf »die Höhen der Lehrweisheit und Tugend, zu denen seine Jünger mit Gottes Hilfe gelangen mögen« (73). Das alte Mönchtum kennt noch keine Festlegung auf spezielle Methoden des geistlichen Lebens. Aber in der eindringlichen Mahnung der Regel, immer zu »horchen, was der Geist den Gemeinden sagt« (Vorrede), immer offen und bereit zu sein für den »Antrieb und die Eingebungen der göttlichen Gnade« sind alle Entwicklungsmöglichkeiten eingeschlossen. Und vielleicht liegt gerade in dieser »Schlichtheit« der Benediktusregel – die Hilfe zum geistlichen Fortschritt für alle und nicht nur für eine »Elite« sein möchte – deren Anziehungskraft für die vielen Suchenden in unserer Zeit.

Wenn heute von Meditation die Rede ist, denkt man

[6] Vgl. E. Heufelder, Der Weg zu Gott, S. 187 f, 192 f.

gerne an Meditationsweisen der Religionen des Fernen Ostens. Daß der Westen davon wertvolle Anregungen und Hilfen empfangen kann, steht außer Zweifel. Auch die Tatsache kann nicht geleugnet werden, daß der reiche Strom mystischen Lebens, der einst in der Kirche des Westens lebendig floß, nur mehr verborgen weiter strömte oder ganz versiegte. Es ist ein Grund zur Hoffnung, daß in der Betriebsamkeit des Westens die Sehnsucht nach Stille, nach Besinnung auf das Wesentliche und damit der Sinn für Meditation und Kontemplation neu erwacht ist. Das Wort bekommt wieder Geltung: »Wir träumen von Reisen in das Weltall –; ist denn das Weltall nicht in uns? Die Tiefen unseres Geistes kennen wir nicht. Nach innen geht der geheimnisvolle Weg; in uns oder nirgends ist die Ewigkeit. Nichts ist dem Geiste erreichbarer als das Unendliche« (Novalis 1772–1801).

Dabei ist die Frage sicher berechtigt, ob »Meditation für den Westen« bei aller Gemeinsamkeit nicht einen, der Eigenart und Entwicklung des Menschen im Westen entsprechenden eigenen Charakters hat[7].

Zugleich aber gilt: Es gibt »Verschiedenheiten unter den Gnadengaben, doch es ist derselbe Geist« (1 Kor 12, 4). »Die Herrlichkeit und Kostbarkeit der Völker wird man einbringen« in das himmlische Jerusalem (Offb 21, 24.26). Benedikt selber, den wir mit Recht den Vater des abendländischen Mönchtums nennen, bezeichnet einen der geistlichen Väter des östlichen Mönchtums als »unseren Vater Basilius« (73).

Letztes Ziel aller Meditation und Kontemplation kann immer nur »die vollkommene Gottesliebe sein, die die Furcht vertreibt« (Schluß von 7), die zur höchstmöglichen Vereinigung mit Gott führt. Davon gibt die Regel des hl. Benedikt bei aller Nüchternheit des »Gesetzes« (58)

[7] »Meditation für den Westen« von Dr. Karl Lederberger in »Orientierung« Nr. 15/16 1970. Vgl. Kult und Kontemplation in Ost und West. Herausgegeben vom Ökumenischen Institut der Abtei Niederaltaich, Regensburg 1967.

lebendiges Zeugnis. Wenn wir ihn sprechen hören von der »Freude des Heiligen Geistes«, von der »Freude geistlicher Sehnsucht« (49), wenn wir seinen Gedanken über Gott und über Christus nachgehen, ahnen wir, in welche Tiefen des göttlichen Geheimnisses Benedikt betend eindringen durfte. Wir wissen aber auch, wie er über alles, auch das profanste Tun das wegweisende Wort stellte: »Daß Gott in allem verherrlicht werde.« Er konnte auch »Die Welt meditieren«[8] und in der Schöpfung die Spuren Gottes finden und die Größe und Herrlichkeit des Schöpfers erahnen. Und weil er vom Glauben durchdrungen war, daß jeder Dienst am Mitmenschen — re vera — »wirklich« Christus getan wird (36), so gab es für ihn auch keinen Gegensatz zwischen kontemplativer Haltung und Tätigkeit im Dienst der Mitmenschen[9].

Gegen Ende seines Lebens wurde dem hl. Benedikt eine gnadenvolle Schau geschenkt, von der uns sein Biograph, der hl. Gregor, berichtet. »Als der Gottesmann Benediktus, während die Brüder noch ruhten, am Fenster stehend zum allmächtigen Gott flehte, sah er plötzlich in tiefer Nacht von oben her ein Licht sich ergießen, das alle nächtliche Finsternis vertrieb. In solchem Glanz erstrahlte dieses Licht, daß es die Helligkeit des Tages übertraf. Ein wunderbares Geschehen folgte in dieser Schau: Die ganze Welt — wie er selbst später erzählte — lag, wie in einem einzigen Son-

[8] Otto Betz, Die Welt meditieren, München 1966.

[9] Vgl. K. Ledergruber »Meditation für den Westen«, a. a. O. S. 160: »Auf diese Weise verschwinden ehemalige Paradoxe: Erkennen als Meditation wird zum Schauen, Arbeit als Meditation wird zum schöpferischen Tun — was nichts anderes bedeutet, als daß es keinen scharfen Gegensatz von vita contemplativa und vita activa geben muß ... Es ist übrigens nicht zu bezweifeln, daß alle großen Meditierenden und Kontemplativen trotz dualistischer Theorie in der Praxis meist aus einer Ganzheit lebten.« Vgl. auch Dietmar Mieth, Die Einheit von vita activa und vita contemplativa in den deutschen Predigten und Traktaten Meister Ekharts und bei Johannes Tauler, Untersuchungen zur Struktur des christlichen Lebens, Regensburg 1969.

nenstrahl zusammengefaßt vor seinen Augen.« Gregor fügt dieser Schilderung hinzu: »Der Seele, die den Schöpfer schaut, wird die ganze Schöpfung klein«[10]. Wir mögen an Offb 20, 11 denken: »Ich sah einen mächtigen, leuchtenden Thron und den der darauf sitzt. Vor seinem Angesicht floh die Erde und der Himmel und für sie fand sich kein Platz mehr.«

Wer in solch gnadenhafter Schau erkennen durfte, wie »Gott alles in allem ist« (1 Kor 15, 28), für den ist das Leben eine große Einheit geworden. Alles Beten und alles Tun sammelt sich auf ein Ziel: »Daß Gott verherrlicht werde.«

[10] Gregor der Große, 2. Buch der Dialoge, Kap. 35.

LITURGIE – VERWIRKLICHUNG CHRISTLICHER GEMEINSCHAFT

»Dem Gotteslob werde nichts vorgezogen«! (43)
»Man habe acht, ob er Eifer hat für das Gotteslob«! (58)

Mit dem Leben einer benediktinischen Gemeinschaft ist unzertrennlich das OPUS DEI verbunden, das gemeinsame Gotteslob, das jeden Tag einleitet und beschließt und das auch den Tagesablauf immer wieder unterbricht. »Zu diesen Stunden also laßt uns Lob darbringen unserem Schöpfer!« spricht Benedikt mit dem Psalmisten im 118. Psalm. Nicht weniger als zehn Kapitel seiner Regel widmet er der Ordnung des liturgischen Gebetsgottesdienstes, dessen Sinn er dann in dem kurzen, inhaltstiefen 19. Kapitel deutet: »De disciplina psallendi – Vom Verhalten beim Psalmengesang.«

»Ubique credimus divinam esse praesentiam – Wir glauben, daß Gott überall zugegen ist.« Dieser Satz ist für Benedikt mehr als ein frommer Gedanke neben anderen asketischen Weisungen. Er ist für ihn die Grundlage des geistlichen Lebens (vgl. Kap. 7, 1. Stufe der Demut). Die objektive Allgegenwart Gottes soll dem Menschen, besonders dem Mönch, auch subjektiv immer bewußt sein, bei allem, was er tut, auch bei einem so »profanen Tun«, wie es zum Beispiel der Verkauf der Erzeugnisse des Klosters ist: »damit Gott in allem verherrlicht werde« (57) – ein Gedanke, den wir gerade heute, wo so viel von »Weltfrömmigkeit« die Rede ist, neu lebendig werden lassen müssen. »Wir müssen es für ganz gewiß halten, daß Gott an jedem Ort auf uns schaut« (4, 49). »Wer wahrhaft Gott sucht, muß Eifer haben für das Gotteslob« (58).

Diese Allgegenwärtigkeit Gottes verdichtet sich gleichsam für uns, »cum ad Opus divinum adsistimus – wenn wir beim Gottesdienst sind«. Da müssen wir an diese Gegenwart Gottes »ganz besonders (maxime) ohne jeden

Zweifel glauben, müssen uns immer dessen bewußt sein, was der Prophet sagt: Dienet dem Herrn in Furcht«. Wir sollen an das Wort denken: »Im Angesicht der Engel will ich dir lobsingen« und mögen uns dabei die gewaltigen Anbetungsszenen in der Apokalypse vor Augen halten (besonders Kap. 4 und 5): »Vor dem Thron brannten sieben Fackeln; das sind die sieben Geister Gottes.« Diese Geister erwecken nicht Akte der Liebe, sie brennen, sie sind Glut. »Inmitten des Thrones und um den Thron sind vier Wesen, voller Augen vorn und hinten ... von den vier Wesen hat jedes sechs Flügel, und ringsum und inwendig sind sie voller Augen.« Sie sind ganz Auge, hingerissen von der Schau Gottes. Rings um den Thron sitzen die 24 Ältesten, die sich immer wieder erheben und niederwerfen, sooft die Wesen ihr »Heilig« singen. Ihr Anbeten ist kein vorübergehender Akt. Sie sind Anbetung, sie sind Gebet. Da bekommt die Mahnung Benedikts ihr Gewicht: »Ergo consideremus, qualiter oporteat in conspectu Divinitatis et angelorum eius *esse* – Bedenken wir, wie man im Angesicht Gottes und seiner Engel *sein* muß« (nicht bloß »wie man sich verhalten muß«, wie die meisten Übersetzungen lauten). Agere sequitur esse: Es geht beim Opus Dei nicht um eine Frömmigkeitsübung, nicht um die Leistung einer religiösen Pflicht, es geht darum, daß wir uns bemühen, das zu *sein*, was die Worte des Herrn im Johannesevangelium (4, 23 f) meinen: »Es kommt die Stunde, und sie ist schon da, in der die wahren Anbeter den Vater im Geist und in der Wahrheit anbeten; solche Anbeter sucht der Vater.« Romano Guardini sagt über Wesen und Bedeutung der Anbetung: »Anbetung ist die Antwort des Herzens, die auf das Geschaffensein kommt. Doch man hat sie weithin verlernt, ja vergessen. Der Gottesgedanke ist armselig geworden, deshalb ruft er nicht mehr die Anbetung hervor. Denn sie ist etwas Großes und macht den groß – groß nicht in meßbaren Kräften, sondern im Sinn der Person –, der sie vollzieht. Anbetung ist jenes tiefe Neigen des Inneren, das aus der Erfahrung hervorgeht: Gott ist ›Der, der ist‹; ich bin durch Ihn und vor Ihm. Dieser Akt ist Wahrheit und vollbringt Wahrheit; die Grundwahrheit, mit der alles weitere anfängt. Wahrheit aber zu vollbringen macht frei und schafft Frieden. Wir können den Tag nicht richtiger beginnen, als wenn wir uns am Morgen sammeln und, so still und tief drinnen, als wir vermögen, den Gedanken denken: Du, Gott, bist wirklich ... bist hier ... nein, bist überhaupt – ich aber bin vor Dir ... bin durch Dich ... Da wird sich ganz von selbst unser Inneres neigen, in einer Weise, die Wahrheit ist und Freiheit und Adel«[1]. Da wird einem klar, daß es bei der »Anbetung im Geist und in der Wahrheit« wirklich nicht um ein Tun geht, sondern um ein Sein beziehungsweise um das Bemühen, dem »Sein«, dem »Zustand« näherzukommen, den wir einmal in der Ewigkeit haben werden[2].

Die Konzilskonstitution »Über die heilige Liturgie« sagt dazu (Nr. 83): »Als der Hohepriester des neuen und ewigen Bundes, Christus Jesus, Menschennatur annahm, hat er in die Verbannung dieser Erde jenen Hymnus mitgebracht, der in den himmlischen Wohnungen durch alle Ewigkeit erklingt. Die gesamte Menschennatur schart er um sich, um gemeinsam mit ihr diesen göttlichen Lobgesang zu singen.« In diesem Zusammenhang erhält der Schlußsatz des 19. Regelkapitels, der auch in die Konzilskonstitution Aufnahme fand (n. 90), sein volles Gewicht: »Sic stemus ad psallendum, ut mens nostra concordet voci nostrae – Stehen wir so beim Psalmengesang, daß unser Herz (mens = unser innerstes Wesen) im Einklang ist mit dem, was unsere Stimme ausdrückt« (= mit unserem äußeren Tun und Verhalten). Unser Opus Dei, unsere Liturgiefeier darf uns nicht bloß eine »Übung« sein neben anderen Übungen, sondern muß mehr und mehr Ausdruck unseres Seins werden. Worin »Sein« besteht, sagt uns Benedikt im 7. Kapitel

[1] R. Guardini, Der Anfang aller Dinge, Würzburg [2]1965, S. 25.

[2] Vgl. R. Guardini, Der Herr, Würzburg, VII 6. Die Anbetung.- E. Heufelder, Der Weg zu Gott, S. 165 f, »Das liturgische Beten«.

seiner Regel, das den Kapiteln über das Chorgebet vorausgeht: In der vollkommenen Liebe, zu der man auf den Stufen der Demut gelangt, die uns ähnlich macht dem »Gott, der die Liebe ist« (1 Joh 4, 8). (Vgl. Kap. 7 und 19.)

R. Guardini hat zum Mainzer Liturgischen Kongreß 1964 einen sehr zum Nachdenken zwingenden Brief über den »Kultakt und die gegenwärtige Aufgabe der liturgischen Bildung« geschrieben (Liturgisches Jahrbuch, 14. Jahrg. 1964, S. 101–106). Die Fragen, die er darin stellt, müssen wir auch an uns richten: »Worin besteht der liturgische Akt? Wie geschieht sein lebendiger Vollzug? Enthält die heutige Liturgie Bestandteile, die vom heutigen Menschen nicht mehr recht realisiert werden können? Sind aus der Liturgie nicht Dinge verschwunden, die zum echten Vollzug notwendig sind?« In bezug auf den Gottesdienst der Mönchsgemeinschaften wird man weiter fragen müssen: Ist das Opus Dei, so wie wir es konkret feiern, Ausdruck unseres Seins vor Gottes Angesicht, um das es geht? Ist es jene »Anbetung des Vaters im Geist und in der Wahrheit«, die nach den Worten des Herrn die Anbetung der Heilszeit kennzeichnet? Entspricht unsere Chorpraxis dem Wesen der Anbetung und dem Sinn der Liturgie? Diese Fragen müssen uns bei allen Versuchen der Reform unseres monastischen Offiziums leiten. Es geht nicht um diese oder jene einzelne Änderung, schon gar nicht um »Verkürzung« als solche. Das Leitwort, das zu Beginn dieser liturgischen Reform ausgesprochen wurde, muß voll in Geltung bleiben: »Non ut minus, sed ut melius oremus.« Es geht darum, »daß wir nicht weniger, sondern besser beten«.

Was hier für die monastische Liturgie gesagt ist, gilt grundsätzlich auch für die allgemeine Liturgiefeier, wie umgekehrt die Mönche bei der Reform ihres Offiziums auch auf die Mitchristen in der Welt Rücksicht nehmen sollen, da die Liturgie-Konstitution ausdrücklich den Wunsch ausspricht, das Volk möge am klösterlichen Chorgebet wieder mehr Anteil nehmen. Es ist ja das Gebet der Kirche für die Kirche (Nr. 100).

In der Apostelgeschichte finden wir konkrete Hinweise, wie »jener Hymnus, den der Hohepriester des neuen und ewigen Bundes in die Verbannung dieser Erde mitbrachte«, von den Jüngern Jesu aufgenommen wurde. »Sie priesen Gott«, heißt es bei der Schilderung des Lebens der ersten Christen (Apg 2, 47). »Wir hören sie in unseren Sprachen von den Großtaten Gottes reden« Ausdruck des Erfülltseins mit dem Heiligen Geist (Apg 2, 11; vgl. 10, 46). »In Lobgesängen beteten Paulus und Silas um Mitternacht zu Gott« im Kerker von Philippi (Apg 16, 25). Die Wirkung dieses Lobgebetes war gewaltig: »Plötzlich entstand ein großes Erdbeben, so daß die Grundmauern des Kerkers erschüttert wurden. Sogleich sprangen alle Türen auf, und die Fesseln aller lösten sich.« Aus Kerkernacht werden die Beter und mit ihnen ihre Leidensgefährten in die »Freiheit der Kinder Gottes« geführt (Röm 8, 21). Kennen wir das eigentlich, dieses dankerfüllte Lob Gottes, diese Freude über »Gottes Großtaten«, den Jubel in Gott, zu dem uns die Psalmen immer wieder aufrufen? Ein Kirchenvater nennt den Heiligen Geist »Jubilus Patris et Filii, den Jubelruf des Vaters und des Sohnes«. Die selige Freude, in der Vater und Sohn eins sind im Geist der Liebe, gehört zum Wesen des Dreieinigen Gottes, es gehört auch zum Wesen des Christseins, das ja Anteil am göttlichen Leben bedeutet. Eben darum bezeichnet der Herr »die Anbetung des Vaters im Geist und in der Wahrheit« als ein Kennzeichen der Heilszeit, die mit ihm gekommen ist (Joh 4, 23 f).

Das »Sein vor Gottes Angesicht«, aus dem das liturgische Tun kommt, ist die eine Seite des liturgischen Dienstes. Die andere ist diese, daß wir als Gemeinschaft vor Gott stehen in einer »objektiven Ganzheit«, wie Guardini sagt, als Glieder der Kirche, die in der jeweiligen Gemeinde präsent wird, als Glieder des »corpus monasterii« (61), des »klösterlichen Leibes«, sofern es eine klösterliche Gemeinschaft ist (61). Christliches Leben ist seinem Wesen nach »Leben in Gemeinschaft« (Apg 2, 42 f; 4, 32 f). Benedikt hat dieses Wesenselement des christlichen Lebens wieder zum Leuchten gebracht, indem er eine Regel für »das starke Geschlecht der Coenobiten«, das heißt der in Gemeinschaft Lebenden schrieb und eine Ordnung christlichen Gemeinschaftslebens schuf. Im Vollzug der Liturgie kommt dieses Wesenselement christlichen Lebens zum Ausdruck: »Jede liturgische Feier ist Werk Christi, des Priesters, und (zugleich) Werk seines Leibes, der die Kirche ist« (Liturgie-Konstitution Nr. 7). Das erfordert über das äußere gemeinsame Beten und Tun hinaus eine »Solidarität in der Existenz« (Guardini), ein inneres »Einssein in Christus« (Reg. 2, 20). »Im liturgischen Akt fügt der feiernde einzelne sich in die Gemeinschaft ein, nimmt die circumstantes in seinen Selbstausdruck hinein. Das ist nicht einfach, wenn es echt und ehrlich sein soll. Viel Trennendes muß überwunden werden: Abneigung, Gleichgültigkeit ...« (Guardini). Wir verstehen, warum der hl. Benedikt im 14. Kapitel so nachdrücklich fordert, daß »bei der Morgen- und Abendfeier allen vernehmbar das Gebet des Herrn gesprochen wird – wegen der Dornen der Ärgernisse, die zu entstehen pflegen, damit sich die Brüder durch die Verpflichtung, die in der Bitte liegt, ›vergib uns, wie auch wir vergeben‹, von solcher Schuld reinigen«. Unüberhörbar ist sein Ruf zur Einheit, wenn er zum Abschluß des Tages vorschreibt: »sedeant omnes in unum – omnibus in unum occurrentibus – omnes in unum positi compleant – alle sollen sich zusammensetzen, alle sollen eilends zusammenkommen, wenn alle beisammen sind, sollen sie die Komplet halten« (42). Unser gemeinschaftliches Beten ist darum nicht in erster Linie ein Akt persönlicher Frömmigkeit und ein individuelles Hilfsmittel für das geistliche Leben, sondern Vollzug christlichen Lebens, Verwirklichung christlicher Gemeinschaft nach dem Vorbild der Urgemeinde, von der es heißt: »Sie verharrten in der Lehre der Apostel und in der Gemeinschaft, im Brotbrechen und im Gebete« (Apg 2, 42). So ist das Opus Dei wahrhaft ein »Werk Gottes«, durch das der Leib Christi auferbaut wird. »Ein Leib sind wir, die vielen (und werden es immer mehr), da wir alle teilhaben an dem einen Brote« (1 Kor 10, 17). Da müssen wir wieder fragen: Ist die Gestalt unseres Gottesdienstes (bei uns Mönchen die Gestalt unseres Chorgebetes und die Art, wie wir es vollziehen) so, daß dieses Gemeinschaftselement in rechter Weise zur Geltung kommt, daß die Gemeinschaft daran wächst, daß »die Kirche im Kleinen«, die wir als klösterliche Gemeinschaft bilden, die Gemeinschaft der »den Altar Umstehenden« wirklich »auferbaut« wird[1]?

[1] Andere Fragen schließen sich an, die für die Gesamtsicht des liturgischen Betens, die wir jetzt gewonnen haben, gelten, Fragen, die sich aus dem Satz ergeben: »Die Gnade setzt die Natur voraus.« Wir wissen alle aus Erfahrung, wie sehr das für den Bereich des Betens gilt. Wir müssen den Mut haben, ernst zu fragen: Entsprechen unsere Chorpraxis und unsere Liturgiefeier den Verhältnissen, unter denen wir leben? Entsprechen sie den menschlichen Fähigkeiten und den körperlichen und seelischen Kräften derer, die die Liturgie zu vollziehen haben? Sind wir nicht oft überfordert? Benedikt hat diese Fragen in seiner Zeit ohne Zweifel auch gestellt und dementsprechend das Offizium für seine Mönche gestaltet. Das Chorgebet in der Gestalt, die ihm der hl. Benedikt in seiner Regel gegeben hat, war ohne Zweifel ein großartiges Werk, das den Verhältnissen und der Mentalität der Menschen seiner Zeit, aber auch der folgenden Jahrhunderte in trefflicher Weise angepaßt war. Jetzt leben wir in völlig veränderten Verhältnissen, in einem anderen Lebensrhythmus, in einer Zeit des Umbruchs in allen Lebensbereichen. Die Menschen des 20. Jahrhunderts bringen andere Voraussetzungen mit für die Feier der Liturgie als die Menschen früherer Zeiten. Darum gilt auch für den Bereich unserer monastischen Liturgie die Weisung der Liturgie-Konstitution (Nr. 1 und 21), »die dem Wechsel unterworfenen Einrichtungen den Notwendigkeiten unseres Zeitalters besser anzupassen«. Das bedeutet nicht bloß eine Anpassung an die »Notwendigkeiten unseres Zeitalters« allgemein, sondern an die konkreten Verhältnisse der einzelnen klösterlichen Gemeinschaften, ja schließlich auch einzelner Mönche und Mönchsgruppen. »Die durch ihre discretio ausgezeichnete regula« (Gregor der Große) zeigt auch in dieser Hinsicht schon Möglichkeiten auf. Im 18. Kapitel erlaubt Benedikt grundsätzlich unterschiedliche Psalmenordnungen für seine Klöster. (Uniformität des Offiziums ist also keine Forderung der Benediktusregel.) Im 50. Kapitel gibt Benedikt die Weisung, daß Brüder, die ihren Arbeitsplatz weiter entfernt vom Oratorium haben, »das Gotteslob an ihrer Arbeitsstätte verrichten sollen«.

Wir wissen um die Not des Gebetes, um all das, was das Beten oft so schwer macht: die Hast und Unruhe des konkreten Lebens, die Überlastung mit äußeren Aufgaben und Pflichten, innere Leere und Dunkelheit. Wir sollten an das Wort des hl. Paulus Röm 8, 26 denken, daß gerade im Gebet »der Geist sich unserer Schwachheit annimmt. Denn um was wir in rechter Weise beten sollen, wissen wir nicht; dann tritt er selbst, der Geist, für uns ein mit wortlosem Seufzen.« Die Gnade des Gebetes, »die Gabe der Frömmigkeit«, ist eine von den sieben Gaben des Heiligen Geistes. Wir sollten immer wieder um diese Gabe bitten (Lk 11, 1). Der hl. Benedikt läßt uns alle Gebetszeiten begin-

Wir wissen aus Erfahrung, wie befruchtend und befreiend es sein kann, wenn man einmal in einer kleinen Gruppe das Offizium beten oder die Eucharistie feiern darf, mit der Möglichkeit einer freieren Gestaltung. So können etwa Mönche und Nonnen, die in einem der Abtei anvertrauten Schulheim tätig sind, unter Berufung auf die Regel Teile des Offiziums zusammen beten und so durch die Gemeinschaft im Beten auch für die gemeinschaftliche Arbeit Kraft gewinnen. Benedikt sieht auch schon vor, daß Mönche, »die auf Reisen geschickt werden« (also im Gehorsam einen Auftrag zu vollziehen haben, der es ihnen unmöglich macht, am gemeinsamen Gebet teilzuhaben), »die festgesetzten Gebetszeiten nicht vorübergehen lassen, sondern sie für sich halten sollen, so gut sie können«. Umgekehrt soll im Chor am Schluß aller Gebetszeiten »immer aller Abwesenden gedacht werden« (67), um die geistige Verbundenheit aufrechtzuerhalten.

Das Gesetz der Anpassung dürfte heute wohl auch so verstanden werden, daß in Zeiten größerer Arbeitsbelastung, etwa seelsorgerlicher oder erzieherischer Art, das Offizium quantitativ verkürzt, dafür etwa während der Exerzitien oder sonst aus besonderen Anlässen ausgedehnter und vor allem feierlicher gestaltet würde, vor allem dadurch, daß mehr gesungen wird. So gibt Benedikt für die Gebetszeiten während des Tages die Weisung: »Ist die Gemeinschaft größer (hat man also Arbeitskräfte genug, so daß mehr Zeit zur Verfügung steht), singe man die Psalmen mit Antiphonen, ist sie aber kleiner, ohne Unterbrechung« (17). Es sollte vor allem dem Umfang und der Feierlichkeit nach zwischen Festoffizien und Ferialtagen ein Unterschied sein. Größere Freiheit in der Gestaltungsmöglichkeit entspricht dem modernen Empfinden und ist zugleich ein Mittel gegen alles Gewohnheitsmäßige, das gerade für das Gebetsleben eine Gefahr bedeutet.

nen mit einem Flehruf um die Gnade des rechten Betens: »Herr, öffne meine Lippen, so wird mein Mund dein Lob verkünden! O Gott, komm mir zu Hilfe; Herr, eile mir zu helfen!« (9 und 18). Es wird unser ständiges Bemühen sein müssen, das gemeinsame Gotteslob und das persönliche innere Gebet mit der betrachtenden Lesung so zu verbinden, daß diese verschiedenen Arten des Gebetes sich gegenseitig befruchten und immer mehr festigen in dem »Glauben, daß Gott überall zugegen ist«. Dieser Glaube wird dann auch hineinwirken in unser Tagewerk, so daß auch all unser Tun »infolge der Gewöhnung wie natürlich« (Schluß von Kap. 7) sich »im Angesicht Gottes« vollzieht[2].

In der geistlichen Rangordnung muß dem unmittelbaren Gottesdienst sicher die erste Stelle zugestanden werden. Wir können der »Verherrlichung Gottes in allem« nur in dem Maße dienen, als wir den eigentlichen »Gottesdienst« richtig vollziehen. Darüber kann es keinen Zweifel geben. Welchen Umfang freilich der Gottesdienst (quantitativ) einnehmen und in welcher Form (qualitativ) er vollzogen

[2] Es gehört wohl zu den schwersten, aber ebenso dringlichsten Aufgaben in unseren Klöstern, daß wir zwischen Gotteslob, Lesung mit persönlichem Gebet und Arbeit ein ähnlich organisches Verhältnis herzustellen uns bemühen, wie es Benedikt in seiner Lebensordnung für die Mönche von damals gefunden hat (48). Wir dürfen hinzufügen: Das war damals leichter als heute. Der bekannte Satz der Regula »Operi Dei nihil praeponatur – Dem göttlichen Dienst werde nichts vorgezogen« (43) wurde teilweise so verstanden, als ob das Gotteslob selbst die eigentliche »Arbeit« der Mönche darstelle und als ob jede andere Tätigkeit nebensächlich sei. Für Benedikt ist »die tägliche Arbeit« neben dem Gotteslob und der Lesung ein Wesenselement des klösterlichen Tages. Die geistige Wandlung, in der wir stehen (wir denken an die Pastoralkonstitution über die Kirche in der Welt von heute), hat dazu geführt, daß wir die Arbeit ernster nehmen, daß wir in ihr nicht bloß eine Überwindung des »Müßiggangs, des Feindes der Seele« sehen, sondern eine Erfüllung des göttlichen Schöpfungsauftrages. Dadurch hat neben dem Wort »dem Gottesdienst soll nichts vorgezogen werden« das andere Wort der Regel ein neues Gewicht bekommen: »ut in omnibus glorificetur Deus – daß Gott in allem verherrlicht werde« (57).

werden soll, muß »dictante aequitatis ratione – wie vernünftige Überlegung und Billigkeit es fordern« (Vorrede) geregelt werden, sicher auch im Horchen auf den »Antrieb und die Eingebung der göttlichen Gnade« (20). Wesentlich ist dabei, daß wir uns – und in den Klöstern vor allem auch dem monastischen Nachwuchs – die rechte Motivierung des gemeinsamen Gotteslobes vor Augen halten. Es geht nicht um die Erfüllung einer juristischen Pflicht, auch nicht in erster Linie um unsere persönliche Vervollkommnung. Das gemeinsame Gotteslob ist, wie wir gesehen haben, eine »Gemeinschaftsfunktion« des Leibes Christi, ein wesentliches Aufbauelement für den »Leib des Klosters« und für den ganzen »Leib Christi« in Kirche und Welt. »Wenn wir zum Gottesdienst vor Gott stehen« (19), sind wir stellvertretend vor ihm für die Kirche und Menschheit. Dieses Gebet bedeutet eine Macht gegenüber der »Gewalt der Finsternis« (Kol 1, 13). Es löst göttliche Gegenkräfte aus. Als Jesus dem Versucher das Wort entgegenschleuderte: »Weiche, Satan! Denn es steht geschrieben: Den Herrn, deinen Gott, sollst du anbeten und ihm allein dienen«, da ließ der Teufel von ihm ab (Mt 4, 10 f). In der Anbetung wird die Wirklichkeit Gottes – die praesentia divina – für uns und für die Welt wirksam. Vor dieser Wirklichkeit, die wir in der Anbetung präsent machen dürfen, müssen die Dämonen weichen.

Wenn wir »im Angesicht Gottes und der Engel« vor Gott stehen, verbinden wir uns mit den anbetenden Geistern im Himmel und legen unsere Gebete in das »Rauchfaß«, das »der Engel vor dem Altar Gottes mit viel Räucherwerk und mit den Gebeten der Heiligen füllt und dann auf die Erde wirft« (Offb 8, 8 f), dorthin, wo der Kampf um das Reich Gottes besonders tobt.

Von Augustinus, zu dessen Zeit die Christenheit vor dem drohenden Untergang Roms zitterte, stammt das Wort: »Vielleicht geht Rom nicht unter; vielleicht ist es nur gegeißelt, nicht getötet; vielleicht nur gezüchtigt, nicht zerstört. Vielleicht geht Rom nicht unter, wenn die Römer nicht untergehen wollen. Denn sie werden nicht untergehen, wenn sie *Gott loben«* (Sermo 81, 9. PL 38, 505).

Der tiefste Sinn des Gotteslobes freilich ist angedeutet in dem Wort des Herrn von der »Anbetung des Vaters im Geist und in der Wahrheit« (Joh 4, 23 f). Christsein bedeutet Hineingenommensein in das innere göttliche Leben, in die Gemeinschaft von Vater und Sohn im Geist der Liebe. Es bedeutet »Empfang des Geistes, der uns zu Kindern Gottes macht, in dem wir rufen: Abba, Vater!« (Röm 8, 25), Teilnahme an der »Herrlichkeit, die der Vater dem Sohn gegeben hat«, und darum Verpflichtung, »den Vater zu verherrlichen«, wie der Sohn es tut (Joh 17). Christsein bedeutet Hineingenommensein in das Geheimnis der Menschwerdung und darum Auftrag, Sendung, Teilnahme an der Aufgabe des »Hohenpriesters des neuen und ewigen Bundes, der seine priesterliche Aufgabe fortsetzt durch seine Kirche; sie lobt den Herrn ohne Unterlaß und tritt bei ihm ein für das Heil der ganzen Welt, nicht nur in der Feier der Eucharistie, sondern auch in anderen Formen, besonders im Vollzug des Stundengebetes« (Liturgie-Konstitution Nr. 83).

Unsere Zeit ist in vielem der Zeit des Umbruchs ähnlich, in der der hl. Benedikt lebte. Daß er für unsere Zeit das werden durfte, was sein Name sagt, »ein Gesegneter«, das liegt doch zuerst darin begründet, daß er und die Unzähligen, die in seine »Schule des Herrendienstes« traten, durch Gebet die Heilskräfte auslösten, die Gott damals zur Erneuerung der Welt bereit hatte. Wir denken an das, was der Herr selber über die Macht des Gebetes sagte: »Alles, was ihr im Gebet erfleht, werdet ihr empfangen, wenn ihr glaubt« (Mt 21, 21 f; Mk 11, 22–24; Lk 21, 36). Auch für unsere Zeit liegen die göttlichen Kräfte bereit, die notwendig sind, um »das Angesicht der Erde zu erneuern«. Gottes Gnade möge die großen Beter im Geist des hl. Benedikt erwecken, die diese göttlichen Kräfte auslösen und wirksam machen! Wir werden »nicht untergehen, wenn wir Gott loben«!

DASS GOTT IN ALLEM VERHERRLICHT WERDE!

Bei Festlegung des Preises (für den Verkauf der Klostererzeugnisse) schleiche sich nicht das Laster der Habsucht ein. Man verkaufe vielmehr etwas billiger, als es sonst Weltleute tun können, daß in allem Gott verherrlicht werde (57).

Sind die Benediktiner zu den »aktiven« oder »kontemplativen« Ordensleuten zu rechnen?

Darauf ist zu sagen, daß eine solche Fragestellung dem alten Mönchtum fremd ist. Sicher stand den Menschen, die vor Benedikt und zu seiner Zeit die Welt verließen und in die Einsamkeit gingen, als unmittelbares Ziel das vor Augen, was Benedikt als Hauptbedingung für die Aufnahme in seine Gemeinschaft nennt: »ob einer wahrhaft Gott sucht« (58). Aber das Verlangen nach radikaler Hingabe an Gott schließt dort, wo es echt ist, die Bereitschaft in sich, auf den Ruf Gottes zu hören, und damit auch die Bereitschaft, wenn Gott ruft, zu den Menschen zu gehen, um ihnen zu dienen. Immer wieder geschah das, was bei der Berufung des Propheten Isaias (Is 6, 1 f) sich ereignete. In der Schau des dreimal heiligen Gottes hörte der Prophet den Ruf: »Wen sollen wir senden? Wer von uns wird gehen?« Der Prophet kann nichts anders antworten als: »Hier bin ich, sende mich!«

Als der junge Benedikt unwiderstehlich von dem Drang ergriffen wurde, »wahrhaft Gott zu suchen«, verließ er Rom und zog sich in die Einsamkeit von Subiaco zurück. Aber als ihn Hirten entdeckten und er sah, daß sie der Unterweisung im Glauben bedurften, war es für ihn selbstverständlich, ihnen die Frohbotschaft Christi zu verkünden. »Von dieser Zeit an«, schreibt sein Biograph Gregor d. Gr., »wurde er von vielen aufgesucht, die ihm leibliche Nahrung brachten und die aus seinem Munde in ihre Herzen die

Nahrung des Lebens empfingen.« Auf einer Marmortafel in dieser »Grotte der Hirten« stehen die Worte:

›Hier verband der hl. Benediktus, indem er die
Hirten belehrte, die apostolische Aufgabe mit
dem Einsiedlerleben, das er in der oberen
Höhle in frommem Beten führte:

duplex via calcanda
ab innumeris eius filiis –
Ein doppelter Weg,
den unzählige seiner Söhne gehen sollten.‹

Auf einer zweiten Tafel stehen die Namen der bedeutendsten Benediktiner-Missionare aller Jahrhunderte.

Als Benedikt später nach Monte Cassino übersiedelte und sah, daß in der Gegend noch tiefes Heidentum herrschte, »brachte er«, wie Gregor wieder berichtet, »durch unablässige Predigt die ringsum wohnende Bevölkerung zum Glauben«. Bei einer Hungersnot verteilte er alle Vorräte des Klosters an die notleidenden Menschen, die in all ihren Anliegen vertrauensvoll zu ihm kamen. Die Lebensbeschreibung berichtet auch von persönlichen Beziehungen zu Männern der Kirche. So war Benedikt befreundet mit Germanus, dem Bischof von Capua.

Für Benedikt gab es keinen Zwiespalt zwischen dem Dienst Gottes und dem Dienst an den Menschen. Er kannte keinen Gegensatz zwischen dem unmittelbaren Verkehr mit Gott und der Sorge für die irdischen Bedürfnisse. Handarbeit war ihm neben dem Gotteslob und der geistlichen Lesung ein wesentliches Element im Leben seiner Mönche. Der ganze Klosterbereich war »Haus Gottes«. Den Mönch, der als Cellerar für das irdische Wohlergehen der Gemeinschaft zu sorgen hat, weist er an, »alle Geräte und den ganzen Besitzstand des Klosters wie heilige Altargefäße zu betrachten« (31). Das Wort, »daß Gott in allem verherrlicht werde – ut in omnibus glorificetur Deus« (57), steht nicht in einem Regelabschnitt, der vom geistlichen Leben handelt, sondern dort, wo von etwas sehr Profanem die Rede ist, vom Verkauf der Erzeugnisse des Klosters. Es gibt eben nichts, was nicht auf die Verherrlichung Gottes ausgerichtet werden kann und muß.

Das ist der Geist des Neuen Testamentes. »Ihr möget essen oder trinken oder sonst etwas tun«, sagt Paulus, »tut alles zur Ehre Gottes« (1 Kor 10,31; vgl. Kol 3,11).

Benedikt ist tief durchdrungen von der Wahrheit, daß jeder Dienst am Menschen Gottesdienst ist. Jede Begegnung mit Menschen ist ihm eine Begegnung mit dem menschgewordenen Gottessohn nach dem Wort des Herrn: »Was ihr dem Geringsten meiner Brüder getan habt, das habt ihr mir getan« (Mk 25,40). Darum muß »den Kranken gedient werden wie Christus, wie es tatsächlich der Fall ist. Denn er hat gesagt: ›Ich war krank und ihr habt mich besucht‹« (36). »Die Gäste müssen aufgenommen werden wie Christus; denn er wird einst sprechen: ›Ich war fremd, ihr habt mich aufgenommen‹« (53).

Es entspricht darum durchaus dem Geist der Benediktusregel, wenn im Lauf der Geschichte des benediktinischen Mönchtums verschiedenste Formen und Weisen des monastischen Lebens in Erscheinung treten, wenn es Klöster von Männern und Frauen gibt, die mehr der Stille und Beschaulichkeit leben und die durch verborgenes Beten und Opfern als Glieder am Leibe Christi wirksam sind, und andere, die durch ihren Dienst an der Kirche und an ihren Mitmenschen mehr nach außen hervortreten, die sich der Seelsorge, der Missionsarbeit, der Arbeit an der Wiederherstellung der Einheit unter den Christen, der Erziehung der Jugend oder kulturellen Aufgaben widmen. Äußere Tätigkeit ohne Beziehung zu Gott oder eine Tätigkeit, bei der die richtige Gesinnung Schaden leidet, ist freilich für Benedikt undenkbar. Bezeichnend ist, was er über Mönche sagt, die besondere Fähigkeiten auf bestimmten Gebieten haben: »Finden sich Handwerker (Künstler) im Kloster, so sollen sie in aller Demut ihr Handwerk (ihre Kunst) ausüben, wenn es der Abt erlaubt. Ist aber einer von ihnen stolz auf sein berufliches Können, weil er dem Kloster Nutzen zu bringen glaubt, so nehme man einen solchen von seinem Handwerk weg und lasse ihn erst wieder zurückkehren, wenn er demütig wird und der Abt ihn wieder beauftragt« (57).

Solche Arbeit würde zu den »Ersatzangeboten« gehören, von denen Urs von Balthasar spricht, »die man Gott macht um dem Akt des wirklichen Glaubens zu entgehen. Wir geraten damit in die Zweideutigkeiten, wo an sich sehr gute Dinge der Ausdruck verborgener Flucht sein können«[1]: der Flucht vor dem eigentlich Entscheidenden, der totalen und vorbehaltlosen Hingabebereitschaft an Gott.

Alle äußere Arbeit kann nur fruchtbar sein, wenn sie aus der inneren Verbundenheit mit Gott kommt und der Verherrlichung Gottes dienen will, nicht der eigenen Ehre. »Wer in mir bleibt und in wem ich bleibe, der trägt viele Frucht; denn getrennt von mir könnt ihr nichts tun... Dadurch ist mein Vater verherrlicht, daß ihr viele Frucht bringt und euch als meine Jünger erweist« (Joh 15, 5.8).

Manche Probleme, die in unseren Tagen die Gemüter bewegen, sind in der Benediktusregel grundsätzlich gelöst. Es braucht die »Weltlichkeit« der Welt nicht betont zu werden, und es bedarf keiner »Ent-sakralisierung« dort, wo »alle Geräte des Klosters wie heilige Altargeräte betrachtet werden« (31). Es muß nicht ausdrücklich gemahnt werden, daß die irdische Berufsarbeit und der Dienst an den Menschen ernst genommen werde, wenn die äußere Tätigkeit und das innere Leben eine Einheit bilden, wenn gerade die innere Verbundenheit mit Christus zum Dienst an den Menschen treibt und befähigt. Eckehart, der große Meister der Mystik, hat den Zusammenhang zwischen äußerem Tun und innerem geistlichen Leben in dem Satz ausgesprochen: »Wenn du Gott nicht in der Waschküche hast, so wirst du ihn auch nicht im Hochamt haben.«

[1] Hans Urs von Balthasar, Wer ist ein Christ?, Freiburg ^{6}1968, S. 75.

»Darum müssen sich (nach der Benediktusregel) die Brüder zu bestimmten Stunden mit (Hand-)Arbeit und wieder zu bestimmten Stunden mit göttlicher Lesung beschäftigen« (48). Die Stunden der Arbeit werden immer wieder unterbrochen durch Stunden, in denen der Mönch in betrachtender Lesung, im Psalmengebet und gemeinsamem Gotteslob sich in den »Blick der Gottheit« stellt (19), damit das ganze Leben auf die Verherrlichung Gottes ausgerichtet bleibt.

In diesem Sinn ist das monastische Leben wegweisend auch für den modernen Menschen, der in dem Drang »die Welt zu gewinnen«, in Gefahr ist, »seine Seele zu verlieren« (Mt 16, 26).

Der Christ in der Welt von heute wird seinem Leben nicht einen der Besinnlichkeit dienenden Rhythmus geben können, wie es im Kloster möglich ist, obwohl wir nicht leugnen dürfen, daß auch das klösterliche Leben heute unter der Gefahr steht, der »Häresie der Tätigkeit« (Pius XII.) zu verfallen. Aber er kann doch versuchen, die freie Zeit, die ihm gegeben ist, so zu gestalten, daß sie nicht nur der körperlichen und seelischen Entspannung und Erholung dient, sondern auch dem geistlichen Leben. »Kloster auf Zeit« ist in diesem Sinn ein Angebot an den Christen der heutigen Welt, das in vielfältiger Form die Möglichkeit bietet, im Rhythmus des monastischen Lebens neue Kraft zu gewinnen. Solche Zeiten der Besinnung und Stille werden ihm helfen, wenn er wieder in die Unrast des Alltagsgetriebes geworfen ist, es ähnlich zu machen wie ein Teilnehmer an »Kloster auf Zeit«, es einmal formulierte: »Nun ist schon wieder einige Zeit verstrichen seit dem Geschenk ›Kloster auf Zeit‹. Schnell hat man sich wieder in den alten, doch lebensnotwendigen Trott eingelebt. Aber es geschieht in einem neuen Geist, der Tagesablauf verläuft nicht einsam und langweilig. Es bleibt ein Augenblick am Tage für Stille und Meditation, und wenn ich an einem Auto unten in der Grube arbeite, wo man manchmal wütend und grimmig wird, – ein kurzer Moment, das Hinschweifen zum Wesentlichen, und es geht wieder mit frischer Kraft.«

So mag bei aller Begrenztheit und Mangelhaftigkeit, die dem irdischen Leben immer anhaften wird, bei aller Spannung zwischen dem »Göttlichen Bereich« und dem profanen Tun doch über unserem Mühen und Wirken als großes Ziel unseres Daseins immer wieder das Wort des hl. Benedikt wegweisend aufleuchten:

»Daß Gott in allem verherrlicht werde!«
»Ut in omnibus glorificetur Deus!«

»An dich richtet sich mein Wort, der du die starken und herrlichen Waffen des Gehorsams ergreifst, um Christus, dem Herrn, dem wahren König, Kriegsdienst zu leisten ... Laßt uns in Geduld teilnehmen an den Leiden Christi, damit wir auch würdig werden, Anteil zu erhalten an seinem Reich!« (Vorrede)
»Der Liebe Christi nichts vorziehen« (4,72).

Gott hat sich geoffenbart im menschgewordenen Gottessohn, in Jesus Christus. Wenn wir darum »wahrhaft Gott suchen« wollen, muß dieses Suchen zu Jesus Christus führen.

Abt Cuthbert Butler schreibt in seiner Regelausgabe: »›Jesus Christus gestern und heute: derselbe auch in Ewigkeit‹ (Hebr 13, 8): In diesen Worten läßt sich der Geist unseres hl. Vaters Benediktus zusammenfassen. Christus ist Anfang und Ende der Regel. Sein Leben und seine Liebe bestimmen den ganzen Lebensplan des Mönches«[1].

»Die Fülle Christi« (Kol 1,19) ist so umfassend, daß sich sein Licht in immer neuer Weise bricht, wenn es auf den einzelnen Menschen fällt. In jedem Herzen leuchtet das Licht Christi irgendwie anders auf; aus jedem Menschenantlitz strahlt uns das Antlitz Christi anders entgegen (2 Kor 4, 6). So hat jeder Mensch sein Christusbild, das die Grundlage für sein persönliches Verhältnis zu Christus ist. Es gibt begnadete Menschen, die für andere Wegweiser zu Christus werden – unsere Heiligen vor allem –, in denen das Bild Christi in einer allgemein gültigen Weise aufstrahlt, so daß an ihrer Christusschau und ihrem Verhältnis zu Christus auch andere teilnehmen dürfen. In diesem Sinn können wir von einem franzsikanischen, einem ignatianischen, einem benediktinischen Christusbild spre-

[1] C. Butler, S. Benedicti regula monasteriorum, [2]Freiburg 1927, S. 178 (Summa doctrinae).

chen. Diese verschiedenen Christusbilder sind keine Gegensätze zueinander. Sie ergänzen sich wie die Facetten eines geschliffenen Diamanten. Jedes dieser Christusbilder »spiegelt die Herrlichkeit des einen Herren wieder«, jedes in seiner Weise, und alle diese Bilder zusammen offenbaren die Herrlichkeit Christi (2 Kor 3,18).

Wegweisend für die Erfassung des Christusbildes der Benediktusregel ist die Stelle im 2. Kapitel, an der Benedikt Namen und Aufgabe des Abtes bestimmt: »Der Abt wird im Glauben als Stellvertreter Christi anerkannt. Wird er ja doch mit seinem Beinamen genannt nach dem Wort des Apostels: Ihr habt den Geist der Sohnschaft empfangen, in dem wir rufen Abba – Vater« (Röm 8,15). Es überrascht, daß Benedikt hier den Vatertitel offensichtlich auf Christus anwendet und dies noch dazu begründet mit einer Schriftstelle, die sich ohne Zweifel auf die erste Person der Heiligsten Dreifaltigkeit bezieht. »Die Forschungen der beiden Beuroner Benediktiner H. S. Mayer und B. Steidle haben einwandfrei gezeigt, daß Benedikt sich für diesen Christustitel auf eine legitime, jahrhundertealte christliche Frömmigkeitstradition berufen konnte, deren Wurzel bis in die älteste Christenheit, ja schließlich bis ins Neue Testament zurückreichen«[2]. Balthasar Fischer weist dazu noch nach, daß »Benedikt auch in der Ableitung des Christus-Vater-Titels aus Röm 8, 15 nicht Kind seiner eigenen nachklassischen Zeit, sondern Erbe alter exegetischer Tradition des Ostens ist«[3]. Er führt hierfür ein altes byzantinisches Lichtmeßgebet an, in dem es heißt: »Auch uns, o Herr, erlöse von unseren Torheiten und gib uns die Verzeihung von Dir her und entledige uns der Schande unserer Sünden, auf daß Du unser Herz erfüllest mit Deinem Heiligen Geiste

[2] H. S. Mayer, Bened. Ordensrecht II/1 (Beuron 1932) S. 92.– B. Steidle, Bened. Monatsschrift 1932, 223; 1934, 89. Studien und Mitteilungen aus dem Bened. Orden 1934, S. 178.

[3] Balthasar Fischer, Zu Benedikts Interpretation von Röm 8,15. Colligere Fragmenta, Festschrift für Alban Dold, Beuron 1952, S. 124.

und wir zu Dir rufen: Vater, unser Vater! Mache uns Deinem Vater zu Söhnen«!

Diese Bezeichnung Christi als Vater, die durch die Benediktusregel an seine Söhne weitergegeben wird, ist nicht nur historisch interessant, sondern für unser Verhältnis zu Christus außerordentlich fruchtbar. Wer ist Vater? Der Vater ist »Spender des Lebens, auctor vitae«. So nennt Petrus den Herrn in einer Predigt nach dem Pfingsttag (Apg 3, 15). Jesus Christus ist der Sohn des ewigen Vaters. Von ihm empfängt er das göttliche Leben. Aber »wie der Vater das Leben in sich hat, so hat er auch dem Sohne gegeben, das Leben in sich zu haben« (Joh 5, 26). Es ist die Herrlichkeit des Sohnes, daß er das vom Vater empfangene Leben an uns weitergeben darf. Vor allem durch das Johannesevangelium zieht sich der Gedanke hindurch, daß Christus *uns* das ist, was der Vater *ihm* war und daß wir zu Christus in einem ähnlichen Verhältnis stehen, wie er zum Vater steht. Alle Beziehungen, die zwischen Vater und Sohn bestehen, werden ausdrücklich auf uns übertragen. Grundlegend ist die Beziehung der gegenseitigen Kenntnis und der gegenseitigen Liebe: »Ich kenne die Meinen und die Meinen kennen mich, wie mich der Vater kennt und ich den Vater kenne ... Wie mich der Vater geliebt hat, so habe ich euch geliebt. Bleibet in meiner Liebe! Die Liebe, mit der Du mich geliebt hast, soll in ihnen sein« (Joh 10, 14.15; 15,9; 17,26). So entsteht zwischen Christus und uns eine Gemeinschaft des Lebens und Wirkens, eine innerste Verbundenheit, die ein Abbild der Einheit ist, die zwischen Vater und Sohn besteht: »Ich lebe und ihr werdet leben ... Ihr werdet erkennen, daß ich in meinem Vater bin und ihr in mir und ich in euch ...« (Joh 14, 19.20). Es gibt keine tiefere Verbundenheit zwischen Personen, als jene die zwischen dem ewigen Vater und seinem wesensgleichen Sohn besteht. Wenn unser Verhältnis zu Christus seiner Beziehung zum Vater gleichen darf, dann erschließt uns die Schau Christi als »auctor vitae«, als Vater unseres neuen Lebens, die letzten Tiefen gnadenvoller Gemeinschaft mit ihm und durch ihn untereinander[4].

In solcher Gemeinschaft mit Christus lebte der hl. Benedikt. Zu solcher Verbundenheit mit dem Herrn will er seine Mönche führen. Er schaut immerfort auf Christus, wie Christus auf den Vater. Christus ist ihm und seinen Mönchen »der wahre König, dem sie Kriegsdienst leisten«. Ihr Ziel ist, »sich selbst zu verleugnen, um Christo nachzufolgen«. Im Gehorsam »ahmt der Mönch den Herrn nach, von dem der Apostel sagt: ›Er ist gehorsam geworden bis zum Tode . . .‹ An Christus zerschmettert er die bösen Gedanken, die in seinem Herzen aufsteigen.« Christus ist sein »Meister, in dessen Lehre er bis zum Tode im Kloster verharrt. Er nimmt in Geduld an den Leiden Christi teil, um auch einmal an seinem Reiche Anteil zu haben« (Vorrede, Kap. 4, 7).

In seiner Studie über »Die Psalmenfrömmigkeit der Regula«[5] zeigt Balthasar Fischer überzeugend, daß das Beten Benedikts sich unmittelbar und in erster Linie an Christus wendet. In der Weiterführung dieses Gedankens dürfen wir wohl sagen, daß fast überall, wo in der Regula der Ausdruck »Dominus – Herr« steht, Christus gemeint ist im Sinne des altchristlichen Kyrios. Das ganze Denken, Beten und geistige Ringen Benedikts ist eindeutig christozentrisch. Immer wieder klingen seine Weisungen in die Aufforderung aus: »Der Liebe Christi nichts vorziehen!« (4). Als tiefste Begründung für das klösterliche Leben unter dem Gehorsam gibt Benedikt an: »Dieser Gehorsam kommt denen zu, denen nichts teurer ist als Christus!« (5). Diese Christusliebe des hl. Benedikt kommt in einem Wort, das Papst Gregor d. Gr. von ihm überliefert hat, unübertrefflich zum Ausdruck: Einem Einsiedler, der sich in seiner Höhle mit einer eisernen Kette hatte anschmieden lassen, um

[4] E. Heufelder, Gemeinschaft und Persönlichkeit nach der Regel des hl. Benediktus, Benediktinische Monatsschrift 1950, S. 182.

[5] Liturgie und Mönchtum, Laacher Hefte 4, 22 (1949); 5, 64 (1950).

seinem Vorsatz nicht untreu werden zu können, sandte Benedikt die Botschaft: »Si servus Dei es, non teneat te catena ferri, sed catena Christi – Wenn du ein Diener Gottes bist, dann soll dich nicht eine Kette von Eisen festhalten, sondern die Kette Christi.«

Wer so wie Benedikt Christus als Vater sieht, der der erlösten Menschheit sein Leben mitteilt, muß sich auch das Lebensziel Christi zu eigen machen, alle Menschen in diese Lebensgemeinschaft mit dem Vater hineinzuführen: »Vater, gib, daß sie eins seien, wie wir eins sind: Ich in ihnen und du in mir, damit sie vollkommen eins seien« (Joh 17, 22.23).

So stellt Benedikt auch dem Abt seines Klosters die Aufgabe, in der klösterlichen Gemeinschaft das Wort des Apostels zu verwirklichen: »In Christo sind wir alle eins« (2; vgl. Gal 3, 18). Wie »der Jünger, den der Herr liebte«, alle Weisungen seines Meisters in dem einen Gebot zusammenfaßte: »Kindlein, liebet einander!«, so faßt auch Benedikt seine Regel im 72. Kapitel zusammen in der Mahnung zur brüderlichen Liebe.

Hinter diesen Mahnungen zur ehrfürchtigen, geduldigen, sich selbst vergessenden Liebe steht der große Glaube, daß uns aufgrund der Lebensgemeinschaft mit Christus in jedem Bruder der Herr selbst begegnet. Aus diesem Glauben lebt der hl. Benedikt. Er nimmt das Wort des Herrn im Evangelium ganz ernst und wörtlich: »Was ihr dem Geringsten meiner Brüder getan habt, das habt ihr mir getan« (Mt 25, 42). Darum »sollen alle kommenden Gäste wie Christus aufgenommen werden; denn er wird einst sprechen: Ich war fremd und ihr habt mich aufgenommen ... Christus werde in ihnen verehrt, da er tatsächlich aufgenommen wird. – Auf die Aufnahme der Armen und Fremden werde besondere Sorgfalt verwendet, weil in ihnen Christus noch mehr aufgenommen wird. – Für die Kranken muß vor allem und über alles Sorge getragen werden. Es werde ihnen so wie Christus gedient, wie es ja auch wirklich ist. Er hat ja gesagt: Ich war krank und ihr habt mich besucht« (53.36). Wo solcher Glaube lebendig und wirksam ist, ist es selbstverständlich, daß »die Brüder einander im Wetteifer gehorchen und in lauterer Gesinnung brüderliche Liebe erweisen« (72).

So weitet sich das Christusbild zum Bild des »totus Christus, caput et membra«, wie Augustinus sagt, zum Bild »des ganzen Christus, der Haupt und Glieder umfaßt«. Das Kloster ist »ein Leib«, die Brüder sind die »Glieder« (61, 34). Der Abt aber ist das sichtbare Haupt dieses Leibes. »Darum wird er mit dem Beinamen Christi benannt« – er wird wie Christus »Herr und Vater genannt, nicht aus persönlicher Anmaßung, sondern Christus zu Ehren und Christus zuliebe« (2, 63). Darum »haben die Mönche Sehnsucht danach, daß ihnen ein Abt vorstehe« (5), der ihnen das sichtbare Zeichen und Unterpfand dafür ist, daß Christus in ihrer Gemeinschaft lebt und wirkt. Darum gehorchen sie dem Abte nicht nur, sondern sie lieben ihn. Diese Liebe zum Stellvertreter Christi ist das sichtbare Zeichen ihrer Liebe zu Christus. Deshalb läßt der hl. Benedikt die Aufforderung, »dem Abt in aufrichtiger und demütiger Liebe zugetan zu sein«, unmittelbar übergehen in das Wort, das die ganze Regel zusammenfaßt: »Sie sollen Christus gar nichts vorziehen« (72).

Das tiefste Geheimnis der christlichen Offenbarung ist dieses, daß die Menschwerdung des Sohnes sich geheimnisvoll fortsetzt in uns, in seinem Leibe, der die Kirche ist (Eph 1, 23). »Der Leib des Klosters« ist die Kirche im kleinen. Die Mönchsgemeinde lebt aus dem Glauben, daß Christus in ihr lebt, in allen Brüdern als den Gliedern am Leibe Christi und im Abt als dem Haupt der Gemeinschaft.

Es ist die große und verantwortungsvolle Aufgabe der Söhne des hl. Benedikt, daß sie sich bemühen, dieses Christusbild, das ihnen ihr Vater Benediktus vorgezeichnet hat, den Menschen unserer Zeit nahezubringen und vorleben[6].

[6] E. Heufelder, Christus in euch. Betrachtungen über Jesus Christus und das christliche Leben. Regensburg 1976. – Ders., Die Liebe bis ans Ende. Meditationen über die Abschiedsreden Jesu, Steinfeld 1977.

»Das Gut des Gehorsams sollen alle nicht nur dem Abt erweisen, sondern die Brüder sollen auch einander gehorchen, in der Überzeugung, daß sie auf diesem Weg des Gehorsams zu Gott gelangen« (71).

In einer Zeit der Autoritäts- und Gehorsamskrise, wie wir sie durchleben, mag es hilfreich und wegweisend sein, zu überdenken, was ein Mann wie Benedikt von Nursia, der Vater des abendländischen Mönchtums, über Autorität und Gehorsam sagt. Benedikt hat in seiner Zeit entscheidend mitgeholfen, die damalige Autoritäts- und Gehorsamskrise zu bewältigen, indem er durch sein Wort und durch das Beispiel der nach seiner Regel lebenden Gemeinschaft zeigte, wie man in christlicher Weise befehlen und gehorchen soll.

Bei einer ersten flüchtigen Lektüre der Benediktusregel wird sich dem Leser der Eindruck aufdrängen, daß diese Regel sehr »autoritär« sei. Der Gehorsam erscheint als das zentrale Merkmal des klösterlichen Lebens. »Die Regel hat ihren Namen davon, daß sie den Lebenswandel der Gehorchenden regelt« (1). Der Mönch erscheint einfach als der »Gehorchende«, der »alles mit dem Willen seines Abtes tut«, der »nichts, auch wenn es sich um etwas Unbedeutendes handelt, ohne Weisung des Abtes tun darf« (49,67).

Die Wahrhaftigkeit verpflichtet uns, zu bekennen, daß man in der Geschichte des benediktinischen Mönchtums diese Worte der Regula oft genug auch sehr autoritär auslegte und den Willen des Obern fast mit dem Willen Gottes gleichsetzte. Man darf aber nicht einzelne Sätze der Benediktusregel für sich nehmen. Man muß die einzelnen Äußerungen in dem Geist, aus dem heraus diese Regel geschrieben wurde, werten und verstehen. Der Geist Benedikts offenbart sich auch darin, daß es ihm – ein Zeichen echter persönlicher Demut – nicht darum ging, etwas völlig Neues zu schaffen. Wohl wußte er sich von Gott gerufen »der stärksten Mönchsart, den Cönobiten, eine Ordnung zu geben« (1). Aber er wollte dies tun in organischer Anknüpfung an die bisherige Entwicklung des Mönchtums. Darum beschäftigte er sich intensiv mit der vorhandenen monastischen Literatur, besonders mit der »Regula magistri«, einer Art Zusammenfassung bisheriger monastischer Ordnungen. Er entnahm dieser Regel alles, was ihm für die Neuordnung des cönobitischen Lebens brauchbar schien. Aber er gab dem Ganzen eine sinnvolle Gliederung, änderte, was geändert werden mußte, fügte Ergänzungen hinzu wie den Anfang und den Schluß der Vorrede und die Schlußkapitel (von 68 an). Das alles offenbarte einen neuen Geist, der der Überlieferung, soweit sie zukunftsträchtig war, eine neue Wirkkraft verlieh und diese Überlieferung positiv weiterführte[1].

Letzte und einzig gültige Autorität – das ist für Benedikt eine fraglose Überzeugung und muß es für jeden Christen sein – ist die Autorität Gottes, der der Mensch unbedingt gehorchen muß und der er auch gehorchen kann, weil Gottes Wille zugleich letzte Wahrheit und höchste Liebe ist. Alle Sünde gründet im Ungehorsam gegen Gott, und darum muß das Ziel aller geistlichen Bemühung sein, was im ersten Satz der Vorrede zur Benediktusregel ausgesprochen ist: daß der Mensch »durch die Mühe des Gehorsams zurückkehre zu dem, von dem er in der Trägheit des Ungehorsams abgewichen war«. Gott aber hat sich geoffenbart in Jesus Christus. In Christus ist die Autorität Gottes sichtbar geworden und darum »ergreift der Mönch die starken und herrlichen Waffen des Gehorsams, um Christus, dem wahren König, Kriegsdienst zu leisten«.

[1] Basilius Steidle, Die Benediktusregel. Beuron, S. 14 f. Die Regel St. Benedikts und die Magisterregel. – Zum Ganzen: Rafael Kleiner, Horchen und Gehorchen. Klösterlicher Gehorsam und christliche Freiheit. Erbe und Auftrag, Beuron 1966, S. 482 f. – E. Heufelder, Vom Gehorsam im Geist der Benediktusregel. Erbe und Auftrag 1966, S. 477 f.

Dieser absoluten Autorität Gottes gegenüber ist jede menschliche Autorität nur stellvertretend und in jeder Hinsicht von dieser höchsten Autorität abhängig und ihr verantwortlich. »Die Regel betont, daß jeder der äbtlichen Amtstitel ein relativer ist, nur aus seiner Wesensbeziehung auf Christus hin berechtigt«[2]. »Der Abt, weil er im Glauben als Christi Stellvertreter anerkannt wird, wird Herr und Vater genannt, nicht aus eigener Anmaßung, sondern Christus zu Ehren und Christo zulieb« (63). Darum mahnt Benedikt den Abt, daß er »nichts lehren oder anordnen oder befehlen darf, was außerhalb der Weisung des Herrn liegt. Sein Befehl und seine Lehre muß vielmehr als Sauerteig der göttlichen Gerechtigkeit die Herzen der Jünger durchdringen. Immer muß sich der Abt bewußt sein, daß beim furchtbaren Gericht Gottes über beides eine Untersuchung angestellt wird: über seine Lehre und über den Gehorsam der Jünger; der Abt wisse, daß es dem Hirten zur Last fällt, wenn der Hausvater an den Schafen zu wenig Nutzen finden kann« (2).

Damit ist klar ausgesprochen, daß nur dann in rechter Weise gehorcht werden kann, wenn der, dem Autorität zusteht, seine Vollmacht in rechter Weise ausübt.

Fast immer, wenn Benedikt dem Abt eine Vollmacht zuspricht, fügt er bei, daß er dafür Gott Verantwortung schuldet. Der Abt soll »wissen, daß er ohne Zweifel über alle seine Entscheidungen vor Gott, dem gerechtesten Richter, Rechenschaft ablegen muß« (30).

Ich erinnere mich aus meiner Noviziatszeit, wie unser damaliger Abt Sigisbert Liebert, der uns die Regel erklärte, bei einer solchen Stelle einmal das Buch schloß und mit spürbarer innerer Bewegung sagte: »Angst und bang muß einem werden, wenn einem das immer wieder gesagt wird.«

In dem Bemühen, zu erkennen, was in der jeweiligen Situation dem Willen Gottes entspricht, darf der Abt sich nicht nur auf seine eigene Einsicht verlassen. »So oft (dar-

[2] Rafael Kleiner, Der heutige Mensch vor dem Abtsbild der hl. Regel. Erbe und Auftrag 1963, S. 506.

um) im Kloster eine wichtige Angelegenheit zu entscheiden ist, rufe der Abt die ganze Klostergemeinde zusammen und lege dar, worum es sich handelt. Und er höre den Rat der Brüder, überlege dann bei sich und tue, was nach seinem Urteil das Nützlichste ist« (3). Dieses »Hören« auf den Rat der Brüder hat in der Benediktusregel einen besonderen Charakter. Alle derartigen Weisungen der Regel haben ihr Gewicht vom Wort her, mit dem die Regel beginnt: »Obsculta – horche!« Die entscheidende Grundhaltung, zu der Benedikt seine Mönche führen will, ist die beständige Offenheit für den Ruf Gottes. Wenn deshalb »die Brüder zum Rat beigezogen werden«, geht es nicht darum, daß irgendein Glied der Gemeinschaft, auch nicht der Abt, persönliche Wünsche und Pläne durchsetzt, sondern darum, daß in gemeinsamer Beratung erkannt wird, was dem Willen Gottes wohl am meisten entspricht. »Deshalb«, sagt Benedikt, »bestimmen wir, daß alle zur Beratung beigezogen werden, weil der Herr oft einem Jüngeren offenbart (revelat!), was das Beste ist« (3). Der Jüngere hat nicht zu entscheiden. Die Entscheidung vollzieht der Abt, aber nicht nach Willkür, sondern in der Bereitschaft, aus dem, was die Brüder raten, den Willen Gottes zu erkennen. »Im kirchlichen Raum ist Rat von anderem Gewicht als in weltlichen Gesellschaftsstrukturen«[3].

So entspricht es nicht dem Geist der Regel, wenn ein längst verstorbener Abt, als er darauf hingewiesen wurde, daß der Abt nach der Regel den Rat der Brüder hören müsse, kurz antwortete: »Wenn er einen braucht!« Ebensowenig entspricht es diesem Geist, wenn ein Bischof erklärte: der Diözesanrat habe nur beratende Funktion, und deshalb von dem, was ihm als Rat vorgelegt wurde, nichts durchführte.

Es ist von zweitrangiger Bedeutung, ob das gemeinsame Bemühen, das Recht zu finden, in einer demokratischen

[3] Karl Forster, Klerusblatt München 1970/1.

Abstimmung mit bindender Kraft Ausdruck findet oder ob es nach dem Wortlaut der Benediktusregel einfach heißt: »Der Abt soll nach Anhören des Rates tun, was nach seinem Urteil das Nützlichste ist.« Man kann »Demokratie« sagen (auch im kirchlichen Bereich und im Kloster) und doch die Meinungen manipulieren. Es geht um ein echtes Aufeinander-Horchen in dem ehrlichen Bemühen, gemeinsam zu erkennen und zu tun, was dem Willen Gottes entspricht.

Aus solcher inneren Bereitschaft, aufeinander zu horchen und miteinander den Willen Gottes zu erfüllen, erwächst echte »Kollegialität« oder »kollegiale Leitungsautorität«, deren Verwirklichung einen wesentlichen Beitrag bedeutet zur Überwindung der Autoritätskrise unserer Tage. Kollegialität kommt nicht zur Entfaltung, solange sie einseitig juridisch gesehen wird und hinter allen Versuchen, kollegial zu handeln, die Furcht steht, es könnte dem einen Teil zuviel Recht zuerkannt werden. Nur aus ehrlicher Bereitschaft, aufeinander zu hören, kann es zu einem echten Dialog und zu wirklich kollegialem Handeln kommen[4].

Eine Autorität, die so auf das »Horchen« ausgerichtet ist, ist auch offen für berechtigte Kritik. Wer, wie Benedikt es dem Abt ans Herz legt, »immer mit Mißtrauen auf seine eigene Gebrechlichkeit schaut« (64), wird sich stets seiner Grenzen bewußt bleiben und es darum dankbar annehmen, wenn er auf diese Grenzen aufmerksam gemacht wird. Benedikt gibt dem Abt die feine Weisung: »Wenn ein auswärtiger Mönch mit Grund und in liebevoller Bescheidenheit einen Tadel äußert oder auf etwas aufmerksam macht, so erwäge der Abt klug, ob ihn der Herr nicht etwa gerade deswegen geschickt habe« (61).

Der Abt soll sich auch nicht in dem Sinn als Herr seiner Gemeinschaft fühlen, daß er versuchen dürfte, die Gemeinschaft selbstherrlich nach seinem eigenen Bild zu gestalten.

[4] Vgl. Das Kapitel »Obsculta – horche!«

»Der Abt wisse, welch schwierige und mühevolle Aufgabe er auf sich nimmt, Seelen zu leiten und der Eigenart vieler zu dienen ... Je nach der Veranlagung und Fassungskraft eines jeden passe und schmiege er sich allen an« (2). Durch die ganze Regel zieht sich die Mahnung zur Ehrfurcht vor dem einzelnen Menschen. »Alle Menschen ehren«, mahnt Benedikt (4). »Die Brüder sollen einander in Ehrfurcht zuvorkommen« (63, 72)! Es soll Rücksicht genommen werden auf die Bedürfnisse der einzelnen. »Es soll sein, wie geschrieben steht: einem jedem wurde gegeben, was er brauchte« (34). »Jeder hat seine eigene Gabe von Gott, der eine so, der andere so« (40). Das entspricht der feinen Formulierung, die Papst Paul VI. einmal fand, daß »die Autorität auszuüben sei innerhalb der Grenzen der Liebe und in Achtung vor der menschlichen Person« (Auctoritas exercenda sit intra fines caritatis et cum respectu personae humanae)[5].

Auch in dem Sinn soll der Abt nicht Herr wollen sein im Kloster, daß er alles selbst tun will und den Fähigkeiten der einzelnen nicht Raum gibt. Was wir heute Subsidiarität[6] nennen, ist in der Benediktusregel grundgelegt. Der Abt soll Dekane einsetzen, »mit denen er ohne Sorge seine Last teilen kann« (21). Auch für den geistlichen Bereich sollen »seniores spirituales — geistliche Ältere« zur Verfügung stehen, »die es verstehen, eigene und fremde Wunden zu heilen« (46).

Natürlich darf sich niemand eine Autorität anmaßen, die ihm nicht zukommt. Scharfe Worte findet Benedikt gegen »Pröpste«, die als Stellvertreter des Abtes »vom bösen Geist des Hochmuts getrieben, sich für zweite Äbte halten, sich eine Tyrannei anmaßen und dadurch Ärgernis und Spaltung in der Gemeinschaft hervorrufen« (65). Nicht weniger entschieden wendet er sich gegen Mönche, die sich »gleichsam

[5] Ansprache an die Generaloberen verschiedener Orden am 23. Mai 1964.

[6] Rafael Kleiner, Das Prinzip der Subsidiarität in Regel und Leben der Benediktiner. Erbe und Auftrag 1965, S. 29 f.

als Beschützer und Verteidiger« einzelner anderer gegenüber der rechtmäßigen Autorität aufspielen möchten (69) oder sich eine Strafgewalt anmaßen (70), die nur dem Abt und den von ihm Beauftragten zusteht.

Die Benediktusregel enthält die sogenannten »Strafkapitel« (23—30). Der letzte Satz dieser Kapitelreihe gibt eindeutig als Ziel jeder Strafe an, daß die Fehlenden »geheilt werden« (ut sanentur, 30). Jeder Bestrafung gehe, »entsprechend der Weisung des Herrn im Evangelium«, wiederholte Mahnung unter vier Augen voraus; wenn diese nichts fruchtet, erfolgt die Mahnung »öffentlich vor allen« (23). Und erst, wenn auch dann keine Besserung erfolgt, wird Strafe verhängt, »nach der Art der Verfehlung« (24). Als Leitbild stellt der hl. Benedikt dem Abt das Bild eines »weisen Arztes« vor Augen und »das Beispiel der Güte des guten Hirten« (27). In diesem Zusammenhang gebraucht Benedikt einen sehr harten Ausdruck: »Der Abt wisse, daß er die Sorge für kranke Seelen übernommen hat, nicht eine Gewaltherrschaft über gesunde (non super sanas tyrannidem). Das äbtliche Amt bedeutet Sorge, Dienst, nicht Herrschaft.

Schließlich gibt Benedikt dem Wort Gehorsam einen Sinn und Ausweitung, die weit hinausgeht über den Inhalt, den dieses Wort zunächst hat. In einem eigenen Kapitel (71) fordert er: »daß die Brüder einander gehorchen sollen«. Schon früher hatte er in bezug auf die in der klösterlichen Gemeinschaft notwendigen Dienste gesagt: »Die Brüder sollen einander dienen« (35). Im 72. Kapitel fügt er der Forderung, daß die Brüder »im Wetteifer einander gehorchen sollen«, die Erklärung hinzu: »Keiner suche, was er für sich, vielmehr, was er für andere als nützlich erachtet.« So wird der Gehorsam schließlich einfach Ausdruck jener brüderlichen Liebe, die der Herr selbst als »neues Gebot« verkündet und als Kennzeichen seiner Jünger bezeichnet hat (Joh 13, 34, 35). »Sie sollen einander in selbstloser Gesinnung brüderliche Liebe erweisen«, ist das Letzte, was Benedikt über das Verhältnis der Mönche zueinander sagt. Das

Wort »frater – Bruder« ist die häufigste Bezeichnung für die Glieder der Gemeinschaft in der Benediktusregel. Vielleicht ist das die bedeutsamste Aufgabe, die die Söhne Benedikts heute haben, daß sie durch das Beispiel echter brüderlicher Liebe mithelfen, »die verlorene Brüderlichkeit« (J. Ratzinger) wiederzufinden.

Das letzte Wort, das Benedikt über das Verhältnis der Brüder zum Abt findet, weist in die gleiche Richtung: »Sie sollen ihrem Abt in aufrichtiger und demütiger Liebe zugetan sein.« Damit bekommt das, was Benedikt als erstes über den Abt sagt: »Der Glaube sieht in ihm den Stellvertreter Christi« (2) die rechte Deutung und Gewichtigkeit. Nicht nur vom Abt, sondern von jedem Bruder gilt das altchristliche Wort: »Wenn du deinen Bruder siehst, siehst du deinen Herrn«[7]. In der Benediktusregel leuchtet dieser Gedanke immer wieder auf. In den Kranken (36), in den Gästen (53) soll der Mönch Christus sehen. Im Abt hat diese Christusbezogenheit ein besonderes Gepräge. Er verkörpert Christus als Haupt des »Leibes des Klosters« (61). Die schönste Aufgabe des Abtes ist darum, darauf hinzuarbeiten, daß »in Christus alle eins sind« (2)[8].

So ist für Benedikt der Gehorsam unzertrennlich verbunden mit der Liebe, der Liebe zu Gott und zueinander. Immer wieder weist Benedikt auf diesen Zusammenhang hin: »Der Gehorsam kommt denen zu, denen nichts teurer ist als Christus«, heißt es im Kapitel 5 »über den Gehorsam«. Vor allem in schwierigen Situationen soll der Mönch »gehorchen aus Liebe und im Vertrauen auf die Hilfe Gottes« (68). Besonders kennzeichnend für Benedikt ist die Formulierung der sogenannten dritten Stufe der Demut, die »darin besteht, daß einer im vollkommenen Gehorsam sich einem Obern unterwirft«. Der Text ist aus der Magisterregel übernommen. Aber Benedikt fügt hier den be-

[7] Vidisti fratrem tuum, vidisti Dominum tuum. Tertullian. De orat. 26 zit. bei Butler. S. Benedicti regula monasteriorum. ²Freiburg 1927, S. 178.

[8] Vgl. »Das Christusbild der Benediktusregel«.

deutsamen Zusatz ein: »pro Dei amore – aus Liebe zu Gott.«

Autorität und Gehorsam verbinden sich im Geheimnis der Liebe zu schöpferischer Einheit. Was heißt eigentlich Autorität – auctoritas? Petrus nennt in einer Predigt nach dem Pfingsttag den Herrn »auctorem vitae – Urheber des Lebens« (Apg 3,15). Jesus Christus ist höchste Autorität, weil er auch »Urheber des Lebens« für uns ist. Und er ist dies geworden aufgrund seines »Gehorsams bis zum Tod, ja bis zum Tod am Kreuz« (Phil 2,8–11; vgl. Röm 5,19). In der Liebe des gekreuzigten und auferstandenen Herrn sind Autorität und Gehorsam eins geworden. Darum wird Autorität auch im menschlichen Bereich nur dann richtig ausgeübt, wenn sie, um das Wort von Papst Paul VI. noch einmal aufzugreifen, »ausgeübt wird in den Grenzen der Liebe«.

Wenn vom Mönch gesagt wird, daß er sich »aus Liebe zu Gott in vollkommenem Gehorsam seinem Obern unterwirft, in der Nachahmung des Herrn, von dem der Apostel sagt: Er ist gehorsam geworden bis zum Tod« (7), so wird man hinzufügen können:

Jeder, der die Nachfolge Christi ernst nimmt, wird immer wieder an einen Punkt kommen, wo ihm in irgendeiner Form dieser »Gehorsam bis zum Tod« abverlangt wird, wo er sich Forderungen gegenüber sieht, deren Erfüllung ihm menschlich unmöglich, ja »töricht« erscheint (1 Kor 1,18). Benedikt hat ein eigenes, von ihm selbst stammendes Kapitel in seine Regel eingefügt (68), wie der Mönch sich zu verhalten hat, »wenn ihm Schweres oder gar Unmögliches aufgetragen wird«. Er muß auch einer solchen Forderung innere Gehorsamsbereitschaft entgegenbringen. Aber er darf »die Gründe seines Unvermögens seinem Obern in Geduld und in schicklicher Weise unterbreiten«. Der Obere hat die Pflicht, seine Forderung zu überprüfen. »Bleibt es freilich nach dieser Darlegung beim Entscheid und Befehl seines Obern, so wisse der Jünger, daß es so für ihn gut ist, und er gehorche, aus Liebe und im Vertrauen auf die Hilfe Gottes.« Hinter diesen schlichten Worten »Gehorsam — Liebe — Vertrauen auf Gottes Hilfe«, verbirgt sich das, was Urs von Balthasar am Schluß seiner Studie »Christologie und kirchlicher Gehorsam« schreibt und was in irgendeiner Weise für den Christen überhaupt gilt: Das ist der »Geist, aus dem die Erlösung der Welt gewirkt worden ist und im Ergänzen dessen, was an den Leiden Christi noch fehlt, bis heute und bis ans Ende der Tage gewirkt wird. Die Konkretion dieses Geistes, so schwierig und gewagt sie sein mag, darf nicht verschoben, verflüchtigt, ins Erhaben-Ideale aufgelöst werden. Eine Neugeburt ist aber kirchlich nur möglich aus der innersten Leidenschaft für die Torheit der Liebe Gottes in Christus, die nach Paulus auch der Geist der Kirche zu sein hat«[9].

Überblicken wir das Gesagte, so dürfen wir wohl sagen, daß in der Benediktusregel alle modernen Forderungen und Auffassungen bezüglich Autorität und Gehorsam (soweit sie innerlich begründet sind) wenigstens im Ansatz grundgelegt sind. Nehmen wir dazu, daß Benedikt selbst im Nachwort zu seiner Regel (73) diese ausdrücklich als »kleine Anfangsregel« bezeichnet und über sie hinausweist auf die Heilige Schrift und auf die »heiligen katholischen Väter« (zu denen wir auch die Väter des Zweiten Vatikanums zählen dürfen), dann haben wir allen Grund, über das, was er uns über Autorität und Gehorsam sagt, ernstlich nachzudenken. Wenn wir den von ihm gewiesenen Weg gehen, dann dürfen wir froh bejahen, was auf dem Essener Katholikentag in der Aussprache über den klösterlichen Gehorsam gesagt wurde[10]:

»Der Gehorsam wird bestehen, ja ungeahnte Kräfte entfalten, wenn er als schöpferische Antwort auf Gottes schöp-

[9] H. Urs von Balthasar, Christologie und kirchlicher Gehorsam, – in: »Geist und Leben« 42 (1969) 185 f. – Vgl. das folgende Kapitel »Der Gehorsam Christi«.

[10] Emmanuel von Severus, Die Ordensleute auf dem 82. Katholikentag in Essen. Erbe und Auftrag 1968, S. 498.

ferische Liebe Gestalt gewinnt. Dann ist er mehr als Dienst, mehr als Ordnungsfunktion in einer Gemeinschaft; dann wird er das Gute schaffen, das gemeinsam im Willen Gottes erkannt ist.«

DER GEHORSAM CHRISTI

»Die erste Stufe der Demut ist es, wenn einer immer an alles denkt, was Gott geboten hat.«
»Die zweite Stufe der Demut ist es, wenn einer seinen Eigenwillen nicht liebt und kein Gefallen an der Erfüllung seiner Wünsche hat, sondern nach dem Wort des Herrn handelt: ›Ich bin nicht gekommen meinen Willen zu tun, sondern den Willen dessen, der mich gesandt hat!‹
»Die dritte Stufe der Demut ist es, daß einer aus Liebe zu Gott in vollkommenem Gehorsam sich einem Obern unterwirft in Nachahmung des Herrn, von dem der Apostel sagt: ›Er ist gehorsam geworden bis zum Tode‹« (7).

Wenn Urs von Balthasar damit recht hat, daß die gegenwärtige Diskussion über den Gehorsam meist »im vorchristlichen Raum bleibt«[1], dann ist eine Besinnung auf den »christlichen Raum« des Gehorsams notwendig. Er erschließt sich uns im Gehorsam des menschgewordenen Gottessohnes, der nach Paulus der eigentliche Grund der Erlösung ist. »Wie nämlich durch den Ungehorsam des einen Menschen die vielen zu Sündern gemacht wurden, so werden durch den Gehorsam des Einen die vielen zu Gerechten gemacht« (Röm 5,19). In der Angleichung an die Gehorsamshaltung Christi sieht der Apostel auch den Kern christlicher Gesinnung: »Heget jene Gesinnung in euch, die auch Christus Jesus gehegt: denn er, der in Gottes Daseinsweise war, hat nicht geglaubt, sein gottförmiges Sein (alle Endlichkeit abweisend)[2] festhalten zu sollen. Vielmehr entäußerte er sich, er nahm Knechtsgestalt an, wurde uns Menschen gleich und gab sich in seiner ganzen Erscheinung wie ein Mensch. Er erniedrigte sich und ward gehorsam bis zum Tod, ja bis zum Tod am Kreuz« (Phil 2,5–8).

[1] Hans Urs von Balthasar, Christologie und kirchlicher Gehorsam, in: »Geist und Leben« 42 (1969) 185–203.
[2] Nach Guardini, Der Herr III 10.

Auch Benedikt sieht für seine Mönche das Ziel des geistlichen Strebens darin, daß sie sich das Wort des Herrn zu eigen machen: »Ich bin nicht gekommen, meinen Willen zu tun, sondern den Willen dessen, der mich gesandt hat« und daß sie »den Herrn nachahmen, von dem der Apostel sagt: ›Er ist gehorsam geworden, bis zum Tode‹«.

Die Kirche hat mit der gleichen Entschiedenheit, mit der sie das »gottförmige Sein, die Gottgleichheit« Jesu Christi verkündete und verteidigte, mit Paulus auch immer daran festgehalten, daß der Sohn Gottes wirklich »uns Menschen gleich wurde und sich in seiner ganzen Erscheinung wie ein Mensch gab«.

Dann war in Jesus Christus ein echter menschlicher Wille, dem, in höchstem Grade, auch Willensfreiheit zu eigen war, freilich in den Grenzen, wie sie einem geschöpflichen, menschlichen Willen gesetzt sind. Dann konnte auch, wie bei uns, eine wirkliche Spannung bestehen zwischen diesem menschlichen Willen und dem göttlichen Willen, wie sie am erschütterndsten in Erscheinung trat in dem Wort des Herrn auf dem Ölberg: »Nicht wie ich will, sondern wie du willst« (Mt 26,19).

In dieser Spannung, in diesem Ringen zwischen göttlichem Willen und menschlicher Freiheit ist in Jesus Christus das möglich und wirklich geworden, was wir »Gehorsam« nennen: eben dies, daß der menschliche Wille sich dem göttlichen Willen beugt, »gehorsam bis zum Tod, ja bis zum Tod am Kreuz«. Das ist der »christliche Raum« des Gehorsams, in dem offenbar wird, worum es im Gehorsam letztlich geht.

Das irdische Leben des Gottessohnes steht von seinem Beginn an im Zeichen des Gehorsams gegen den Vater: »Bei seinem Eintritt in die Welt sprach er: Opfer und Spenden hast du nicht gewollt, einen Leib aber hast du mir bereitet; Brand- und Sühnopfer nicht gemocht. Da sprach ich: Siehe, ich komme – in der Schriftrolle steht's von mir geschrieben –, um deinen Willen zu tun, o Gott!« – »In diesem ›Willen‹, durch die Darbringung des ›Leibes‹

Jesu Christi, sind wir ein für allemal geheiligt« (Hebr 10, 5–7.10).

Durch seine Menschwerdung stellte sich der ewige Sohn des Vaters mit seiner Menschennatur in die Grenzen hinein, die für eine geschaffene Menschennatur gegeben sind. Der Stammbaum Jesu, den die Evangelisten bringen, zeigt, wie Jesus sich in die Begrenztheit menschlicher Erbfolge einfügte. Jesus weiß sich, wie andere Menschen, für sein Leben und Wirken auf einen begrenzten Raum verwiesen: »Ich bin nur zu den verlorenen Schafen des Hauses Israel gesandt« (Mt 15, 24). Er verbringt den größten Teil seines Lebens an einem Ort, der in keinem guten Ruf stand. »Kann aus Nazareth etwas Gutes kommen?« ruft Nathanael aus, als Philippus ihn zu Jesus führen will (Joh 1, 46).

Jesus leidet unter der Begrenztheit seiner Umgebung, auch seiner Jünger, die der Vater ihm »gegeben hat« (Joh 17, 6). Mehr als einmal entringen sich ihm unwillige Seufzer: »Wie lange noch soll ich bei euch sein, wie lange euch noch ertragen? Seid auch ihr immer noch verständnislos?« (Mk 9, 19; Mt 15, 10). Treuherzig fügt Markus bei einer solchen Gelegenheit hinzu: »Ihr Herz begriff schwer« (6, 52). Wir wissen, mit welcher Schroffheit der Herr den Petrus zurückwies, der gegen die Ankündigung des Leidens Einspruch erhob (Mt 16, 23).

Der Herr bleibt bei der Erfüllung seiner Sendung abhängig von dem guten Willen, aber auch von der Blindheit und Verschlossenheit seiner Hörer. Er muß die Freiheit des menschlichen Willens unangetastet lassen. Wir spüren, mit welcher Scheu und Zurückhaltung er seine Wundermacht gebraucht, um die Menschen nicht durch äußerliche Geschehnisse in der Freiheit der Entscheidung zu beeinträchtigen.

Hier erschließt sich uns der tiefe Sinn der Versuchungsgeschichte, die die drei Synoptiker vor Beginn der Tätigkeit Jesu berichten (Mt 4, 1 f; Mk 1, 12.13; Lk 4, 1f). Jesus könnte auf wunderbare Weise den Hunger der Menschen nach Brot stillen. Er könnte alle äußere Not beseitigen.

Aber das würde nur zu einer Scheinerlösung führen. »Der Mensch lebt nicht allein vom Brote, sondern von jedem Wort, das aus dem Munde Gottes kommt.« Bei der wunderbaren Brotvermehrung wurde die Menge wohl zunächst von Begeisterung ergriffen, so daß man ihn zum König machen wollte. Aber als er dann vom »Brot des Lebens« sprach, verhärteten sich die Menschen und verließen ihn enttäuscht (Joh 6, 60 f). Ebenso würde ein Schauwunder, wie ein Sturz von der Tempelzinne nur für eine Weile die Sensationslust der Menschen befriedigen, aber hinwegtäuschen über die innere Not der Seelen, die der Erlösung bedürfen. Erst recht wäre die Aufrichtung einer machtvollen äußeren Herrschaft über alle Reiche der Welt – im Sinne des verfälschten Messiasideals, dem das Volk verfallen war – der radikale Gegensatz zu der »Gottes-Herrschaft«, die zu verkünden Jesus gekommen war (Mk 1, 15). Ein Eingehen auf solche falschen Erlösungswege, die der Versucher dem Menschen Jesus vorgaukelte, wäre wieder der Ungehorsam gewesen, zu dem die Menschheit, verführt und getäuscht vom »Vater der Lüge« (Joh 8, 44) sich hatte verlocken lassen. Daß der menschliche Wille Jesu, der durch seinen Gehorsam die Menschen wieder zu Gott zurückführen wollte, solcher Versuchung unzugänglich war, ist klar.

Aber es gab ohne Zweifel verschiedene Wege echter Erlösung. Wir müssen das annehmen, wenn wir das Wort ernst nehmen, das Jesus dem Petrus entgegenhielt, als dieser im Ölgarten nach dem Schwert griff: »Meinst du, ich könnte meinen Vater nicht bitten, und er würde mir im Augenblick mehr als zwölf Legionen Engel zur Seite stellen? Aber wie würde dann die Schrift in Erfüllung gehen, wonach es so kommen muß?« (Mt 26, 53.54).

Es hätte andere, menschlich leichtere Wege der Erlösung gegeben. Warum »mußte es so kommen«? Warum will der Vater, daß der Sohn den Weg des »Gehorsams bis zum Tode am Kreuze« ging, einen Weg, vor dem die menschliche Natur Jesu zurückschaudern mußte, der ihn in Todesangst versetzte, daß »sein Schweiß wie Blutstropfen wurde, die auf die Erde rannen« (Lk 22,44)?

Wenn Jesus wirklich »uns Menschen gleich wurde«, dann hatte er nicht nur einen menschlichen Willen, der als geschöpflicher Wille in sich endlich und begrenzt war, sondern auch eine menschliche Erkenntnis, die endlich und begrenzt war, wenn es auch das Höchstmaß an Willenskraft und Erkenntnis war, das im geschöpflichen Bereich möglich ist. Nur so konnte sich dem Herrn am Kreuz die furchtbare Frage »Warum?« entringen. »Mein Gott, warum hast du mich verlassen?« Nur so aber konnte Jesus wahrhaft »gehorsam« sein, sich beugen unter einen Ratschluß des Vaters, der über menschliches Begreifen hinausging.

Wir wollen versuchen, von hier aus dem Geheimnis des »Gehorsams Jesu bis zum Tod« näher zu kommen.

Über dem undurchdringlichen Geheimnis, das wir meinen, wenn wir »Gott« sagen, steht das Wort: »Gott ist Liebe« (1 Joh 4,8). Liebe ist ihrem Wesen nach auf Unendlichkeit angelegt, Liebe ist Bereitschaft zu totaler Hingabe. Unendlich ist die Liebe, in der der ewige Vater sich im Geheimnis des dreifaltigen Lebens dem Sohn schenkt, unendlich die Liebe, mit der der ewige Sohn sich dem Vater hingibt, unendlich die Liebe, die das »Ich« des Vaters und das »Du« des Sohnes verbindet im »Wir« des Heiligen Geistes[3]. Wir erahnen es, wenn wir Worte hören wie: »Der Vater liebt den Sohn und läßt ihn alles schauen, was er selbst tut . . .« – »Ich und der Vater sind eins.« – »Die Welt soll erkennen, daß ich den Vater liebe und so handle, wie mir der Vater aufgetragen.« – »Das Meine ist alles dein und das Deine mein« (Joh 5,20. 10,30. 14,31. 17,10).

In diese Gemeinschaft unendlicher Liebe will der ewige Vater auch die Menschheit seines Sohnes hineinnehmen. Darum muß die Kraft der Liebeshingabe in dieser geschaffenen und an sich geschöpflich begrenzten Menschheit bis ins Höchstmaß gesteigert werden. Auch menschliche Liebe

[3] Vgl. Heribert Mühlen, Der Heilige Geist als Person. Ich - Du - Wir. Münster [3]1969.

hat als Liebe den Wesensdrang ins Un-endliche. Hier erahnen wir den Punkt, wo Endlichkeit und Un-endlichkeit, wo Menschheit und Gottheit sich verbinden können. Der Herr läßt uns beten: »Dein Wille geschehe wie im Himmel so auf Erden.« Gottes Wille ist dem innersten Wesen nach identisch mit der Liebe Gottes. Darum muß der Menschensohn »auf Erden« den Weg gehen, auf dem sein menschlicher Wille dem Willen des Vaters »im Himmel« am ähnlichsten wird, auf dem seine Liebeshingabe an den Vater zusammenströmen kann mit der Hingabe, in der der Sohn von Ewigkeit her »im Himmel« sich dem Vater schenkt. Weil der Vater, aus seiner Liebe zum Sohn heraus, dies will, weil er die Bitte des Sohnes erfüllen will: »Vater, verherrliche du mich bei dir in der Herrlichkeit, die ich bei dir hatte, ehe die Welt war« (Joh 17,5), eben deshalb muß der Vater den schwersten Weg, den Weg des »Gehorsams bis zum Tod, ja bis zum Tod am Kreuz« vom Sohn verlangen, wie auch der Sohn, eben aus der Liebe zum Vater heraus, in Gehorsam den Willen des Vaters bejahen muß und bejahen will, obwohl dies den Tod bedeutet, den Tod am Kreuz.

Wir sind uns bewußt: all »unser Erkennen ist Stückwerk« (1 Kor 15,12) und jeder Versuch Un-endliches, Un-sagbares auszusprechen muß unzureichend bleiben (2 Kor 12,4). Aber wenn wir in Ehrfurcht solche Erwägungen anstellen, begegnen wir uns mit dem hl. Paulus, der seinen Gläubigen wünscht, daß sie »begreifen möchten, was es um die Breite und Länge, die Höhe und Tiefe (um die ins Unendliche führenden Dimensionen) der Liebe Christi ist, die alle Erkenntnis übersteigt, und daß sie die ganze Gottesfülle mit ihrem Reichtum erfahren möchten« (Eph 3,18.19).

Der Menschheit Jesu war durch das, was wir in der Sprache der Dogmatik die Hypostatische Union nennen, ohne Zweifel von Anfang an »die Gottgleichheit« dem Wesen nach und in ganzer Fülle zu eigen. Das schließt nicht aus, daß der Mensch Jesus in der praktischen Erfahrung und im konkreten Erleben in die Fülle der göttlichen Wirklichkeit, den menschlichen Wachstumsgesetzen entsprechend, erst nach und nach hineinwuchs. Der Apostel Paulus betont ja, daß der Sohn Gottes »nicht glaubte, sein gottförmiges Sein (alle Endlichkeit abweisend – Guardini) festhalten zu sollen (Phil 2, 5 f). Die »Entäußerung«, die in der Menschwerdung, in der Annahme der »Knechtsgestalt« lag, erscheint noch überwältigender und wird zugleich menschlich faßbarer, wenn wir die Worte der Schrift nehmen, wie sie lauten: »Der Knabe wuchs heran und erstarkte in der Fülle der Weisheit – er nahm zu an Weisheit, Alter und Wohlgefallen bei Gott und den Menschen« (Lk 2, 40.52) –, wenn wir uns vorstellen dürfen, daß der Sohn Gottes seine göttliche Kraft, sein göttliches Erkennen und Wollen, der menschlichen Wachstumsfähigkeit sich anpassend, »uns Menschen gleich«, nach und nach in seine menschliche Natur einströmen ließ bis »zur vollen Mannesreife, zum Vollmaß der Lebenshöhe Christi« (Eph 4, 13).

Da mag uns auch das dunkle Wort zugänglich werden, daß »jenen Tag oder jene Stunde (des Weltgerichts) niemand weiß, weder die Engel im Himmel, noch der Sohn, sondern allein der Vater« (Mk 13, 32), und es wird uns verständlich, was Hebr 5, 7 f steht: »In seinen irdischen Tagen hat er mit lautem Aufschrei und unter Tränen Bitten und Flehrufe dargebracht vor dem, der ihn aus dem Tod erretten konnte, und ward um seiner Ehrfurcht willen erhöht. Wir wissen, er war der Sohn. Aber durch Leiden *lernte er Gehorsam,* und so zur Vollendung gelangt, ward er für alle, die ihm gehorchen, der Urheber ewigen Heiles.«

Wir alle kennen den Unterschied zwischen theoretischer und praktischer Erkenntnis. Theoretisch wissen wir im Glauben, vom Leiden Christi her, daß das Leid der Weg zur Herrlichkeit ist. Im praktischen Er-leiden »lernen« wir erst, was Leid und was gehorsame Ergebung in den Willen Gottes ist. So mußte auch der Menschensohn »durch Leid den Gehorsam lernen«. Für den Menschen Jesus war der furchtbare Weg des Gehorsams, den er gehen mußte, vor seinen Leiden noch nicht so durchschaubar wie am Ostertag, an dem er sagen konnte: »Mußte nicht Christus all das leiden, um so einzugehen in seine Herrlichkeit?« (Lk 24, 26). In der Ölbergsnacht und im Karfreitagsdunkel konnte er sich nur dem unbegreiflichen Willen des Vaters beugen, in der Bereitschaft zum »Gehorsam bis zum Tod«.

Dieser Wille des Vaters und mit ihm der Gehorsamswille des Sohnes umfaßt noch Dimensionen, die hinausgehen über »die Breite und Länge, die Höhe und Tiefe der Liebe Christi« (Eph 3, 19), wie wir sie bis jetzt betrachtet haben.

Es geht in der Menschwerdung des Gottessohnes und im Werk der Erlösung nicht bloß um die Menschheit Jesu. Es geht um die ganze Menschheit, die »in Christus als Haupt zusammengefaßt werden soll« (Eph 1, 10). Es geht um den »ganzen Christus, Haupt und Glieder« (Augustinus). Nicht bloß der Mensch Jesus soll in die Herrlichkeit Gottes eingehen. Der Herr betet für seine Jünger in seinem letzten Gebet: »Vater, ich habe die Herrlichkeit, die du mir gegeben hast, ihnen gegeben, damit sie eins werden, wie wir eins sind.« Es ist der Heilswille Gottes, daß die gesamte Menschheit in die Gemeinschaft des Dreifaltigen Gottes aufgenommen wird: »Vater, die Liebe, mit der du mich geliebt hast, soll in ihnen sein, und ich in ihnen« (Joh 17, 22.26).

Aber dann muß auch die ganze Menschheit mit Jesus Christus den Weg des »Gehorsams bis zum Tod« gehen. Die Glieder müssen teilhaben an den Leiden des Hauptes. Alle müssen »mit Christus zusammenwachsen im Abbild seines Todes, damit sie es dann auch sein können mit seiner Auferstehung« (Röm 6, 5). So steht der Kreuzweg der ganzen Menschheit vor Jesus im Ölgarten. Alles Leid der Welt steht vor ihm, die scheinbare Übermacht des Bösen in der Geschichte der Menschheit, angefangen vom Brudermord des Kain am Anfang dieser Geschichte über den Kreuzestod auf Golgatha bis zur letzten Tat des Ungehorsams vor der Ankunft des Menschensohnes zum Gericht.

So muß der Gottmensch nicht nur *sein* Kreuz tragen. Er trägt das Kreuz aller Menschen. Er durchleidet alle Not in der Welt, er durchleidet die Todesangst aller Sterbenden.

Er schreit die Gottverlassenheit aller Menschen hinaus in die Finsternis des Karfreitags: »Mein Gott, mein Gott, warum hast du mich verlassen?« Er stirbt den Tod aller Menschen. Dazu muß der Menschensohn sein Ja sagen im Namen aller Menschen und für alle Menschen[4].

Wir ahnen Unfaßbares. In der Menschwerdung hat Gott wirklich das Schicksal der Menschheit auf sich genommen. Er hat allen »Ungehorsam« der Kreatur mit seinen furchtbaren Folgen durchlitten und durch den »absoluten Gehorsam zu Gott« (Urs von Balthasar) ausgeglichen und gesühnt. So hat »Christus Kraft des ewigen Geistes sich Gott zum makellosen Opfer dargebracht – und so ist er der Mittler eines Neuen Bundes geworden« (Hebr 9, 14.15). »Darum hat ihn Gott auch so erhoben und ihm den Namen verliehen über alle Namen, daß im Namen Jesu sich beuge jedes Knie: der Himmlischen, Irdischen und Unterirdischen, und daß jede Zunge bekenne: Jesus Christus ist der Herr, zur Ehre Gottes des Vaters« (Phil 2, 9–11).

Wir können unsere Erwägungen nicht besser zusammenfassen als in den Worten, mit denen Hans Urs von Balthasar in seinem Büchlein »Wer ist ein Christ?«[5] das Leben des menschgewordenen Gottessohnes als ein Leben »in der Form absoluten Gehorsams zu Gott« aufzeigt: »Er tut nicht seinen Willen, sondern den des Vaters. Er beteuert es unter Tränen und Blutschweiß am Ölberg, indem er seinen menschlichen Willen – über die Grenzen seines Wollens und Könnens hinaus – in den Willen des Vaters hineinbirgt. Dieser Gehorsam, der die Endlichkeit alles menschlichen Vermögens entgrenzt in Gottes Unendlichkeit hinüber, ist die frei angenommene Knechtsgestalt der ewigen, dreieinigen Liebe zwischen Vater und Sohn im Heiligen Geist. Es ist der souveräne Liebesentschluß, an der eigenen Gottesgestalt nicht ängstlich festzuhalten (wie Paulus sagt),

[4] Blaise Pascal hat diese Erkenntnis in die Worte gekleidet: »Jesus wird das Kreuz tragen bis an das Ende dieser Welt; wir dürfen nicht ruhen in dieser Zeit.«

[5] Herder-Bücherei 335, S. 63/64.

sie vielmehr fahrenzulassen in die Geringheit der Menschgestalt, die Anonymität eines unscheinbaren Einzellebens, schließlich in einen Gottgehorsam bis zum Tod, ja bis zum schmachvollsten Tod am Kreuz. Gehorsam aus freier Liebe bis in die äußersten Auswirkungen, das genau ist die Lebensform des menschgewordenen Gottes. Und in diesem Mittelbegriff öffnet sich nun auch der Zugang für den gewöhnlichen Menschen, am Leben, Tun und Leiden des Gottmenschen teilzunehmen.«

In diesem letzten Satz ist das ausgesprochen, was Paulus den Philippern an der Stelle sagt, die uns jetzt immer beschäftigt hat (2, 5). Das erlösende Ja des Gehorsams, das der Sohn Gottes gesprochen hat, bewirkt nicht einfach mechanisch die Erlösung der Welt und ihre Rückführung in den Gehorsam zu Gott. Dieses Ja muß von uns in der Freiheit der Liebe mitgesprochen werden. Der Gehorsam, den der Sohn Gottes »im Leiden lernte« (Hebr 5, 8) muß auch von uns im Leid gelernt und geübt werden. Das ist die »Ergänzung«, die nach dem Apostel Paulus zum Leiden Christi hinzukommen muß, damit es für unsere Erlösung wirksam werden kann (Kol 1, 24). Darum »sind wir alle, da wir auf Christus Jesus getauft wurden, auf seinen Tod hin getauft« (Röm 6, 3).

»Ein Christ ist«, sagt Urs von Balthasar wieder, »der Mensch, der seine ganze Existenz auf die eine Chance gestellt hat, die ihm Jesus Christus, der Sohn Gottes, für uns alle gehorsam bis zum Kreuz, eröffnet hat: am welterlösenden, gehorsamen Jawort zu Gott teilzunehmen«[6].

Als erste, und wegweisend für uns alle, hat Maria, die Mutter des Herrn, dieses Jawort gesprochen[7]. Ihr müssen alle es nachzusprechen suchen. Was das bedeutet, dafür hat wiederum Urs von Balthasar sehr beherzigenswerte Worte gefunden: »Daß aber der Mensch das ›Nicht wie ich will, sondern wie du‹, ohne Teilnahme an der Verstörung des Ölbergs im Ernst aussprechen könnte, ist nicht möglich.

[6] A. a. O. S. 65.
[7] A. a. O. S. 69.

An einer entscheidenden Stelle des christlichen Weges muß die Natur mit Christus in den Tod. Ihr gerades Wachstum muß zerbrechen, ihre Einsicht muß in die Nacht, ihr gegepflegtes Selbstverständnis in die Mißhandlung. Es kann nicht anders als hart auf hart gehen; wäre der Sünder nicht hart, so bräuchte Gott nicht hart mit ihm zu werden; und wäre es das weichste Herz vor Gott, wie das Jesus oder Marias, es müßte um der Stellvertretung willen in die Härte.

Daß wir allesamt immerfort vor diesem Augenblick fliehen, daß die Christenheit ihn hinausschiebt, schließlich verdrängt und zuletzt vergißt: was wunder? Man könnte die Kirchengeschichte auch einmal unter diesem Vorzeichen schildern: als die Geschichte aller Ersatzangebote, die sie an Gott macht, um dem Akt des wirklichen Glaubens zu entgehen. Wir geraten damit wieder in die Zone der Zweideutigkeiten, wo an sich sehr gute Dinge der Ausdruck verborgener Flucht sein können. Der ganze ›Kulturauftrag‹ der Christen, die für den Inhalt ihres Glaubens verherrlichende Dome, Reiche, Dichtungen und Symphonien bauen, das ganze System eines ›geschlossenen Kirchenregiments‹, das als bescheidwissende Instanz gegenüber den Ausgesetztheiten und Wagnissen des Glaubens Schutz und Sicherheit bietet, eine bergende Gesetzesethik und Kasuistik, aber heute wohl eher das Umgekehrte: die Abdikationen und Relativierungen dieses Regimentes angesichts der Emanzipation der sogenannten ›mündigen Laien‹, das können neben vielen anderen Symptomen auch Anzeichen einer fliehenden Angst sein«[8].

Der Begriff des Gehorsams ist dadurch so in Mißkredit gekommen, wie wir es in unseren Tagen erleben, weil man den Gehorsam einseitig zuerst im Blick auf die Menschen sah, denen Gehorsam geleistet werden sollte, nicht im Blick auf Gott, und weil diese Menschen den Gehorsam allzusehr auf sich und nicht auf Gott bezogen und deshalb

[8] A. a. O. S. 75/76.

ihre Autorität nicht nur oft ungeschickt ausübten, sondern auch mißbrauchten.

Benedikt weist am Beginn seiner Regel seine Schüler klar auf Gott hin, zu dem man »durch die Mühe des Gehorsams zurückkehrt, von dem der Mensch sich in der Trägheit des Ungehorsams entfernt hat«. Das entspricht ganz dem, was Paulus Röm 5,19 über den Gehorsam und den Ungehorsam sagt. Benedikt, als Meister und Vater, der den jungen Mönch unterweist, ist nur Wegweiser und Helfer auf dem Weg zu Gott.

Anschließend an die einleitenden Worte der Vorrede zur Regel weist Benedikt hin auf »Christus, den wahren König, dem der Mönch Kriegsdienst leisten will, indem er die starken und herrlichen Waffen des Gehorsams ergreift«. Er führt seinen Schüler sofort in den »christlichen Raum«, in dem es darum geht, »den Herrn nachzuahmen, von dem der Apostel sagt: Er ist gehorsam geworden bis zum Tod«[9].

[9] Diese einleitenden Sätze wie auch der Schluß der Vorrede zur Regel stammen eindeutig von Benedikt selbst (während der Hauptteil des Prologs wie auch der größere Teil des Regeltextes aus der sog. regula magistri entnommen sind) und offenbaren die Weite und Tiefe dieses gottbegnadeten Meisters des geistlichen Lebens. Man fragt heute neu nach dem Sinn des Mönchtums. Ob wir die Antwort auf diese Frage nicht in diesen ersten Sätzen der Benediktusregel suchen sollen? Für Benedikt ist der Mönch einfach »der Gehorchende«: »Die Regel hat ihren Namen davon, daß sie den Lebenswandel von ›Gehorchenden‹ regelt.« So deutet Benedikt vor dem 1. Kapitel der Regel ihren Sinn.

Dann ist der Mönch einer, der ganz »Christ« sein will – in dem Sinn, wie es oben S. 79f gesagt wurde –, der nicht nur für sich, sondern, auch wieder in Nachahmung Christi, stellvertretend und sühnend auch im Namen seiner Mitmenschen, »seine ganze Existenz auf die eine Chance gestellt hat, die ihm Jesus Christus, der Sohn Gottes, für uns alle gehorsam bis zum Kreuz eröffnet hat: am welterlösenden, gehorsamen Jawort zu Gott teilzunehmen« und »durch die Mühe des Gehorsams« nicht nur selber »zurückzufinden zu Gott«, sondern auch beizutragen, daß andere Menschen »zurückfinden zu Gott, von dem sie in der Trägheit des Ungehorsams abgewichen waren«.

Aus dieser unmittelbaren Zurückführung des Gehorsams auf Gott und Christus ergibt sich noch zwingender wie aus allen anderen Überlegungen die verantwortungsvolle Verpflichtung derer, denen »Gewalt gegeben ist« (Joh 19,11), diese Gewalt auch nur im Blick auf Gott auszuüben. Wir wissen, wie eindringlich Benedikt immer wieder dem Abt einschärft, daß er »ohne Zweifel über alle seine Entscheidungen vor Gott, dem gerechtesten Richter, Rechenschaft ablegen muß« (3).

Auf der anderen Seite darf der Gehorsam, weil er Gott geleistet wird, nicht davon abhängig gemacht werden, wie die Träger der Gewalt diese ihre Macht gebrauchen. Am Gehorsam Jesu Christi wird das eindeutig klar.

Jesus steht vor Pilatus (Joh 19,10). Pilatus pocht auf seine Macht: »Weißt du nicht, daß ich Gewalt habe, dich freizulassen, und Gewalt, dich zu kreuzigen?« Jesus antwortet: »Du hättest keine Gewalt über mich, wenn es dir nicht von oben gegeben wäre.« Unter dem Druck der Menge spricht Pilatus das Todesurteil. Er mißbraucht seine Macht und wird dadurch schuldig. Jesus sagt dazu nur: »Der, der mich dir überlieferte, hat eine größere Schuld.« Der himmlische Vater hat diesen Mißbrauch der Gewalt zugelassen, wie er in der Geschichte der Menschheit unsagbar viel Mißbrauch der dem Menschen gegebenen Freiheit zuläßt; aber er wollte, daß der Sohn sich diesem Mißbrauch der Gewalt beugte um des Geheimnisses der Liebe willen, über das wir nachgedacht haben. Es ist die Situation, in der unzählige Martyrer und Menschen, die Unrecht litten, den Gehorsam gegen Gott leisteten. Es ist die Situation, in die wir alle immer wieder gestellt werden: bei Krankheit und sonstigen Schicksalsschlägen, bei Geschehnissen, die wir nicht abwenden können. Da sind wir dann aufgerufen, gehorsam zu sein wie der Herr, und Gott das zu schenken, was seine Liebe erwartet: »das grenzenlose Jawort des Geistgeschöpfes, das sich bereit erklärt, so weit zu gehen, als Gott will, so weit gebraucht und verbraucht zu werden, als Gott es für nötig findet, durch eigenes Sichneigen soviel Raum freizugeben, als Gott beanspruchen will«[10].

Ergreifend, wie ein Mann, der mitten im Leben der Welt stand, mitten zwischen einander widerstreitenden Menschen und Völkern, Dag Hammarskjöld, der Generalsekretär der UNO, in den letzten Jahren seines Lebens um dieses »grenzenlose Jawort« gerungen hat[11]. In den nach seinem Tod aufgefundenen Aufzeichnungen heißt es:

1953 »Frei sein, aufzustehen und alles zu lassen – ohne einen Blick zurück Ja zu sagen.«

»Ja sagen zum Leben heißt auch Ja sagen zu sich selbst.

Ja – auch zu der Eigenschaft, die sich am widerwilligsten umwandeln läßt von Versuchung zu Kraft.«

1956 »Dein – denn dein Wille ist mein Geschick,
geweiht – denn mein Geschick ist, gebraucht und verbraucht zu werden, nach deinem Willen.«

»Du wagst dein Ja – und erlebst einen Sinn.
Du wiederholst dein Ja – und alles bekommt Sinn.
Wenn alles Sinn hat, wie kannst du anderes leben als ein Ja.«

1957 »Ja zu Gott: ja zum Schicksal und Ja zu dir selbst. Wenn das Wirklichkeit wird, dann mag die Seele verwundet werden, aber sie hat die Kraft, zu genesen.«

Man muß ja sagen zu Gott, zu Gottes Handeln und zu Gottes Zulassungen in unserem Leben und in der Welt – und in der Heilsgeschichte. Wie klagen die alten Propheten schmerzlich über die Wege Gottes mit dem auserwählten Volk, die sie nicht verstehen! Wie oft mußten sie erfahren, was auch wir immer wieder erkennen müssen: »Meine Gedanken sind durchaus nicht eure Gedanken, eure Wege nicht meine Wege, spricht der Herr« (Is 55, 8.9; 64, 8.11).

[10] Hans Urs von Balthasar, a. a. O. S. 67.
[11] Dag Hammerskjöld, Zeichen am Weg, 1967 SS. 54, 68, 69, 86.

Wir müssen ja sagen zu unserem Schicksal und zu uns selbst. R. Guardini schrieb ein Büchlein über die »Annahme seiner selbst«. Wir müssen uns »annehmen« wie Gott uns werden ließ, mit unserer Eigenart, mit unserer Herkunft und unserem Lebensgang, mit Erfolg und Mißerfolg, mit unseren Fehlern und mit den Irrwegen und Umwegen, die Gott uns gehen ließ. Wir müssen ja sagen zur Not und Last des Alltags, zur jeweiligen Situation, die wir selber nicht ändern können, zu Gesundheit und Krankheit. Wir müssen ja sagen zu den oft schmerzlichen Änderungen in Welt und Kirche, wie sie in unseren Tagen geschehen. Das letzte entscheidende Ja wird von uns einmal gefordert in der Stunde des Todes.

Teilhard de Chardin »läßt Reflexionen über den Tod in ein Gebet ausmünden: Gib mir also etwas noch Wertvolleres als die Gnade, um die Dich alle Deine Gläubigen bitten. Es genügt nicht, daß ich beim Sterben kommuniziere. Lehre mich zu kommunizieren, indem ich sterbe«[12].

Indem wir ja sagen zu unserem Tod, indem wir »die Gestalt seines Todes miterleiden« (Phil 3, 10), geschieht die tiefste Kommunion, die endgültige Vereinigung mit dem, der »gehorsam war bis zum Tod« und der uns darum auch teilnehmen lassen wird an seiner »Erhöhung«.

[12] Josef Vital Kopp, Der Tod ist gut, München 1967, S. 23.

DURCH DEMUT ZUR VOLLKOMMENEN LIEBE

»Hat der Mönch alle diese Stufen der Demut erstiegen, so gelangt er alsbald zu jener vollkommenen Liebe, die keine Furcht mehr kennt« (7).
»Man achte (beim Neueintretenden) darauf, ob er Eifer hat für Verdemütigungen« (58).

Der Verwirklichung eines wahrhaft christlichen Lebens steht eine Realität entgegen, die wir täglich spüren und erleiden. Alles menschliche Streben, auch das Streben des Christen und des Mönches, steht unter der schmerzlichen Spannung von Ideal und Wirklichkeit, unter dem Widerspruch zwischen dem, was wir in unseren besten Stunden sein möchten, und der Erfahrung, die Paulus in die Worte gekleidet hat: »Was ich vollbringe, verstehe ich nicht; denn nicht das Gute, das ich will, sondern, was ich hasse (das Böse), das tue ich« (Röm 7,15). Begründet ist dieser Widerstreit nicht nur darin, daß wir als geschöpfliche Wesen notwendig begrenzt sind, sondern noch mehr darin, daß wir, wie Paulus im gleichen Zusammenhang sagt, »verkauft sind unter die Sünde«, daß auch nach dem erlösenden Tod Christi »das Geheimnis der Gesetzlosigkeit am Werk ist« (2 Thess 2,7). Darum »seufzen auch wir, die wir die Erstlingsgabe des Geistes besitzen, im Warten auf die Kindschaft, auf die Erlösung unseres Leibes« (Röm 8,23).

Die Benediktusregel verdankt ihre Geltungskraft über vierzehn Jahrhunderte bis in unsere Zeit hinein nicht zuletzt dem Umstand, daß der hl. Benedikt diese Gegebenheit nüchtern sieht und im Aufbau seiner Lebensordnung in Rechnung zieht. Er kennt keinen »Stand der Vollkommenheit«. Dem, der neu ins Kloster kommt, »soll man alles Rauhe und Harte, durch das man zu Gott kommt, vorher sagen« (58). Benedikt rechnet nicht nur mit »vollkommenen Jüngern« (6), mit »Starken«, sondern auch mit »Schwachen« (64), ja mit solchen, die »ungehorsam« sind, »eigenwillig, stolz, unzufriedene Murrer«, auch mit solchen, die »nicht recht begreifen, worum es im Kloster geht« (minus capaces). Es gibt kein ideales Kloster, in dem alles vollkommen wäre, wie es auch »die Kirche der Heiligen« nicht gibt, sondern nur die der »Geheiligten« in der ecclesia semper reformanda, in der Kirche, die immer wieder erneuert werden muß.

Benedikt zeigt den einzig möglichen Weg, auf dem man in dieser Spannung zwischen Ideal und Wirklichkeit bestehen kann, auf dem wir in der Begrenztheit und Sündigkeit unseres menschlichen Wesens doch nach der von Gott gewollten Vollendung streben können: den Weg der Demut, dem das längste Kapitel seiner Regel gewidmet ist (7).

Bei dieser Demut (humilitas) geht es um mehr als um das, was das deutsche Wort Demut zunächst ausdrückt. Es geht um das, was Paulus (Phil 2,5), als die Grundgesinnung des menschgewordenen Gottessohnes kennzeichnet, die wir uns zu eigen machen sollen: »Seid auf das bedacht, was ihr auch an Christus Jesus seht: Er war in Gottesgestalt – doch er entäußerte sich, nahm Knechtsgestalt an, wurde den Menschen gleich und im Äußeren erfunden wie ein Mensch; er erniedrigte sich selbst und wurde gehorsam bis zum Tod, ja bis zum Tod am Kreuze.«

Es geht um das, was Jesus meinte, wenn er immer wieder zu seinen Jüngern vom »Klein-werden«, vom »Kind-werden« sprach (Mt 18, 1 f), vom »Dienen« (Lk 22, 21 f, hier trifft das deutsche Wort »Dien-muot« eine wesentliche Seite der humilitas), vom »Verlieren des Lebens«, vom »Weizenkorn, das sterben muß«, damit neues Leben wird (Joh 12,24–25).

In Guardinis Buch »Der Herr«, steht eine Betrachtung über »Gottes Demut«. Es heißt da: »Die Demut beginnt nicht beim Menschen, sondern bei Gott. In Gott muß etwas sein, das mit dem Wort ›Liebe‹ noch nicht einfachhin benannt ist ... mir scheint, man muß sagen: Gott ist demütig.« Man muß so sagen, gerade weil »Gott die

Liebe« ist (1 Joh 4,8). Liebe ist ihrem tiefsten Wesen nach Hingabe, selbstlose Hingabe des »Ich« an ein »Du«.

Die Trinitätstheologie sagt, daß das Wesen und der Unterschied der göttlichen Personen ihre relatio, ihre »Beziehung« zueinander ist. Wenn wir statt des dürren theologischen Ausdrucks der »Beziehung« »Hingabe« sagen, dann ahnen wir, worin die eigentliche Seligkeit des dreifaltigen göttlichen Lebens besteht. Der Vater schenkt sich ganz dem Sohn. »Wie der Vater das Leben in sich hat, so gibt er auch dem Sohne, daß er das Leben in sich habe« (Joh 5,26). Er gibt dem Sohn »alle Gewalt« (Mt 28,18), er spricht zu ihm: »Setze dich zu meiner Rechten« (Hebr 1,3.13). Der Sohn aber will nichts anderes sein als Sohn, nicht Vater. Er »sucht nicht seinen Willen, sondern den Willen dessen, der ihn gesandt hat« (Joh 5,30), nicht seine Ehre, sondern nur die Ehre des Vaters (Joh 7,18). Ziel seiner Botschaft an die Jünger ist, daß die Jünger »erkennen, daß alles, was der Vater ihm gegeben, von ihm ist« (Joh 17,7.8). Aber auch der Geist »redet nicht aus sich, sondern was er hört, redet er ... er verherrlicht den Sohn« (Joh 16,13.14). All unser Erkennen und Reden über Gott ist »Stückwerk« (1 Kor 13,9); aber aus all dem ersehen wir doch, daß Gott eben deshalb die Liebe ist, weil in ihm lauterste Hingabe ist, weil Gott demütige, sich mitteilende Liebe ist.

Von da erahnen wir auch das furchtbare »Geheimnis der Bosheit«. Der Widersacher Gottes will sich nicht hingeben. Er will sich selbst besitzen und alles andere beherrschen. Selbstherrlich will nur er selber sein. Er will Macht, aber Macht ohne Liebe. Sein Wesen ist Hoch-mut, der schärfste Gegensatz zur De-mut.

Diesem satanischen Hochmut stellt Gott die »Demut und Entäußerung« seines Sohnes entgegen, seinen »Gehorsam bis zum Tode, ja bis zum Tod am Kreuze«. Und eben in diesem Zeichen des Kreuzes wird die Macht des Bösen überwunden, wird alle Schuld der Menschen gesühnt, wird das Reich Gottes aufgebaut. »Deshalb hat Gott ihn so hoch erhöht und ihm einen Namen gegeben, der über alle Namen ist, auf daß jede Zunge bekenne: Herr ist Jesus Christus, zur Verherrlichung Gottes, des Vaters« (Phil 2, 9–11). »Wenn ich von der Erde erhöht sein werde, werde ich alles an mich ziehen« (Joh 12, 32).

Darum bedeutet echte Demut nicht Schwäche, sondern höchste Kraft. Demut hat nichts zu tun mit entwürdigender Selbsterniedrigung und Minderwertigkeitskomplexen. Benedikt beginnt deshalb das Demutskapitel mit den Worten: »Brüder, die göttliche Schrift ruft uns zu: ›Jeder, der sich erhöht, wird erniedrigt, und wer sich erniedrigt, wird erhöht werden.‹«

Dostojewski läßt den Staretz Sossima ein tiefes Wort sagen: »Vor gar manchen Gedanken bleibt man im Zweifel befangen stehen, besonders wenn man die Sünden der Menschen sieht, und man fragt sich: ›Soll man es mit Gewalt anfassen oder mit demütiger Liebe?‹ Entscheide dich immer für ›demütige Liebe‹! Wenn du dich allemal dazu entschlossen hast, so wirst du die ganze Welt bezwingen. Die ›demütige Liebe‹ ist eine furchtbare Kraft; sie ist die allergrößte Kraft und ihresgleichen gibt es nicht.«

Echte Demut macht frei von aller Selbstsucht, von aller egoistischen Verkrampfung in das eigene Ich. Sie löst damit alle guten Kräfte im Menschen, die Kräfte der Liebe, und führt sie zur »herrlichen Freiheit der Kinder Gottes« (Röm 8, 21).

»Wenn der Mönch alle diese Stufen der Demut erstiegen hat«, heißt es in der Benediktusregel, »gelangt er alsbald zu jener Liebe Gottes, die in ihrer Vollendung die Furcht vertreibt. In dieser Liebe wird er alles, was er bisher nicht ohne Widerstreben beobachtete, ohne jede Mühe zu tun beginnen, wie natürlich, nicht mehr aus Furcht vor der Hölle, sondern aus Liebe zu Christus, aus guter Gewöhnung und Freude an der Tugend.« Demut macht frei von falscher Selbsteinschätzung und gibt damit der Kraft eines unbegrenzten Gottvertrauens Raum. Sie führt zu jener

Haltung, die Benedikt in der Weisung ausdrückt: »An der Barmherzigkeit Gottes niemals verzweifeln!« (4).

So vermittelt echte Demut auch Zuversicht und Erfolg im Wirken für das Reich Gottes. »Die Werkzeuge Gottes«, sagt Bischof Ketteler, »sind die Demütigen, nicht die, die keine Fehler machen.« Paulus hat seine eigene Erfahrung ausgesprochen in der Schilderung seiner Bedrängnisse im 2. Brief an die Korinther (12,7–10): »Die Kraft kommt in der Schwachheit zur Vollendung ... Wenn ich schwach bin, bin ich stark.« »Die Grenze des Menschen ist das Einbruchstor Gottes« (Gertrud v. Le Fort). Daß diese Kraft der »demütigen Liebe« auch heute noch wirksam ist, hat Gott in der Gestalt des Papstes Johannes XXIII. gezeigt. In einer Privataudienz offenbarte Papst Johannes einmal das Geheimnis seiner Persönlichkeit in dem schlicht gesprochenen Satz: er bitte Gott immer wieder, daß er ihm drei Dinge geben möge: humilitatem, ardorem, caritatem — Demut, Eifer, Liebe[1]. Das ist genau der Weg, den Benedikt in seiner Regel zeigt: Durch Demut zur vollkommenen Liebe.

Wir müssen diese Gedanken konkret auf unser Leben anwenden. Wie Paulus aus der Erkenntnis, daß »die Kraft Gottes in der Schwachheit zur Vollendung kommt, Gefallen hatte an Schwächen, an Schmähungen, an Nöten, an Verfolgungen, an Bedrängnissen um Christi willen« (2 Kor 12, 9 f), so müssen wir bejahen, was sich in unserem Leben findet an Kreuz, an Demütigung, Zurücksetzung, Enttäuschung — das Scheitern von Plänen; auch alles persönliche Versagen gehört dazu. »Wenn unsere Weisheit völlig verwirrt ist, wenn unsere Minderungen durch keinerlei Vorteil mehr aufgewogen werden, handelt die Vorsehung in der wirksamsten und heiligendsten Weise. Wenn wir in uns selbst den Boden unter den Füßen verlieren, tut sich der große Triumph des Schöpfers und Erlösers kund. Gott gießt uns neu, nachdem er uns ausgehöhlt hat« (Teilhard de Chardin).

[1] E. M. Heufelder, Neues Pfingsten, Meitingen [2]1970, S. 71.

Freilich wird sich der rein natürlich denkende Mensch immer wieder auflehnen gegen diese Lehre vom Kreuz, die »den Juden ein Ärgernis, und den Heiden eine Torheit ist, den Berufenen aber Gottes Kraft und Gottes Weisheit« (1 Kor 1, 18 f).

Den Jüngern gab der Herr vor seinem Abschied eine eindringliche und erschütternde Lehre über dieses Geheimnis der Demut in der Fußwaschung[2]. Die Jünger sind entsetzt, daß Jesus ihnen den Dienst tun will, den sonst nur Sklaven tun. Petrus sträubt sich. Der Herr sagt ihm: »Wenn ich dich nicht wasche, hast du keinen Teil an mir«: Wenn du nicht verstehst, was ich damit sagen will, und wenn du nicht bereit bist, in dieses Geheimnis der Demut einzutreten, kannst du keine Gemeinschaft mit mir haben.

Der erste Primas der benediktinischen Konföderation Hildebrand von Hemptinne sagte einmal in einer Predigt »Unsere Zukunft wird so sein, wie wir das 7. Kapitel unserer Regel beobachten.« Nicht nur die Zukunft des Mönchtums, auch die Zukunft der Kirche wird davon abhängen, daß sie den Weg ihres gedemütigten, gekreuzigten Meisters als ihren eigentlichen Weg erkennt.

Auch für uns und für jeden einzelnen Christen gilt das Wort des Herrn, auf das Benedikt so nachdrücklich hinweist: »Jeder, der sich erhöht, wird erniedrigt, und wer sich erniedrigt, wird erhöht werden« (Lk 14, 11; 18, 14; Mt 23, 12).

[2] Vgl. das eindrucksvolle Kapitel ›Die Fußwaschung‹ in R. Guardini, Der Herr!

»Wir wollen daran gehen, mit Gottes Hilfe der stärksten Mönchsart, den Cönobiten, eine Ordnung zu geben« (1).
»In Christus sind wir alle eins und tragen unter dem einen Herrn die gleiche Last des Kriegsdienstes« (2).

In den vorausgegangenen Betrachtungen war immer wieder die Rede von Gemeinschaft. Benedikt schreibt seine Regel für Cönobiten, das heißt für Mönche, die ein gemeinsames Leben führen.

Das Christentum ist seinem Wesen nach Gemeinschaft. Die unmittelbare Wirkung des Pfingstgeistes war das Werden der Gemeinschaft, die uns im 2. und 4. Kapitel der Apostelgeschichte so eindrucksvoll geschildert wird. Eine mittelalterliche Darstellung des Pfingstereignisses zeigt nicht den über die Apostel im Bild der Taube herabschwebenden Heiligen Geist. Inmitten des Apostelkreises sprudelt eine Quelle lebendigen Wassers hervor. Dabei stehen die Worte: »Vita communis« – das gemeinsame Leben! Benedikt verweist in seiner Regel auch ausdrücklich auf die Urgemeinde: »Alles sei allen gemeinsam, wie geschrieben steht, und keiner nenne etwas sein Eigentum ... Es sei, wie geschrieben steht: einem jeden wurde zugeteilt, wie er es brauchte« (33, 34). Dem in der Apostelgeschichte vorgezeichneten Vorbild nachzustreben, galt immer als Aufgabe der monastischen Gemeinschaft. »Mönchtum ist Sehnsucht nach der Urkirche« (Daniélou).

Die monastische Gemeinschaft gründet in der inneren Verbundenheit, die den Gliedern am Leib Christi gegeben ist. »Alle sind wir eins in Christus« (2, vgl. Gal 3, 28). Benedikt spricht ausdrücklich vom »Leib des Klosters« (61) und von den Mönchen als »Gliedern« (34). Darum müssen die Mönche einander »dienen«, einander »gehorchen«, einander »ehren und lieben« (35,36,38,53,71,72). Das gilt auch für den »Leib der Kirche«, gilt allen Christen. Pflicht der Mönche ist es, diese »Einheit aller in Christus« beispielhaft vorzuleben und überall der Einheit zu dienen.

Diese Verbundenheit der »Glieder« am »Leibe Christi« bedeutet Gnaden-Gemeinschaft und Schuld-Gemeinschaft. »Wenn ein Glied leidet, so leiden alle mit ihm; und wenn ein Glied verherrlicht wird, freuen sich mit ihm alle Glieder« (1 Kor 12, 26).

Wenn darum, sagt die Benediktusregel, ein Bruder »sich irgendwie etwas zuschulden kommen läßt, soll er unverzüglich kommen und aus freien Stücken vor dem Abt und der Klostergemeinde Genugtuung leisten« (46). Jede Verfehlung berührt eben nicht nur das einzelne Glied am Leibe Christi, am »Leib des Kloster«, sondern den ganzen Leib. Wenn einer deshalb seine Verschuldung nicht von sich aus bekennt, wenn er sogar brüderlichem Zureden und väterlicher Mahnung durch den Abt unzugänglich bleibt, dann »soll ihn nach dem Maß der Schuld Strafe« treffen. »Wird ein Bruder leichterer Verfehlungen überführt, so werde ihm die Teilnahme am gemeinsamen Tisch entzogen ... Ein Bruder aber, der in schwere Schuld und Verfehlung verstrickt ist, werde von Tisch und Oratorium zugleich ausgeschlossen« (24.25). Durch den Ausschluß von der Tisch- und Gebetsgemeinschaft soll ihm bewußt werden, daß er an der Gemeinschaft schuldig geworden ist und darum nicht mehr wert ist, an der Gemeinschaft teilzunehmen, bis er Genugtung geleistet hat. Unsere Zeit hat wenig Sinn mehr für eine solche Strafe des Ausschlusses, weil überhaupt der Sinn für das, was Tisch- und Gebetsgemeinschaft bedeutet, geschwunden ist. Das Kind, das vom Familientisch gewiesen wird, weil es sich ungehörig benommen hat, weiß noch darum. Ob wir nicht auch in dieser Sicht uns besinnen müßten auf das Wort des Herrn: »Wenn ihr nicht werdet wie die Kinder ...«?

Ein russischer Starez sprach mit seinem Schüler über den »großen Zusammenhang der Kräfte und Wirkungen: Du hast sehen dürfen, was ein einziger ungeordneter Gedanke in der Ordnung der Dinge anrichtet. Nun aber bedenke, daß wir Menschen alle voll Fehler und ungeordneter Gedanken sind. Da magst du einen Begriff von der Barmherzigkeit und Gnade Gottes bekommen. – Weißt du, daß auch mit dem geringsten Wirken im Sichtbaren dieser Welt sich immer zugleich ein unsichtbares Wirken in der Ewigkeit vollzieht, von dessen Größe wir uns gar keine Vorstellung machen können? Dieses Unsichtbare aber wirkt Gott selbst ... oder der Teufel, je nachdem, wem wir es darbringen. Darum muß unser Wirken nach oben geöffnet sein, damit Gott es mit seinem Segen erfüllen kann, das heißt aus der Zeit in die Ewigkeit vollenden.«

Die Verbundenheit im Leibe Christi bedeutet einen gegenseitigen Austausch der Kräfte. Wenn darum ein Bruder fehlt, sagt Benedikt, dann »soll die Liebe stärker werden, und alle sollen für ihn beten« (27). Durch die Steigerung der Liebe in der Gemeinschaft und die Intensivierung des Gebetes sollen dem kranken Glied am Leib des Klosters die Kräfte zuströmen, die zur Überwindung des Bösen notwendig sind. Und wenn alle Bemühungen um einen solchen Bruder vergeblich scheinen, »wende der Abt ein noch kräftigeres Mittel an, sein und aller Brüder Gebet, damit der Herr, der alles kann, Heil wirke an dem kranken Bruder« (28).

»Wo immer die Brüder einander begegnen«, heißt es in der Regel, »soll der Jüngere den Älteren um den Segen bitten« (63). Diese Bitte um den Segen mag außer Übung gekommen sein. Aber das Bewußtsein, daß wir Menschen einander zum Segen sein können und sollen (wie umgekehrt, daß wir uns auch zum Unsegen werden können), sollte in uns lebendig bleiben. Auch für die Begegnung mit den Menschen, die zum Kloster kommen, weist Benedikt seine Mönche nachdrücklich auf das Gebet hin. Im Kapitel »über Aufnahme der Gäste« sagt er: »Zuerst sollen sie gemeinsam beten ... Nach dem Empfang führe man die Gäste zum Gebet ... dann erweise man ihnen alle menschliche Aufmerksamkeit« (53). Den Pförtner mahnt er: »Sobald jemand klopft oder ein Armer ruft, antworte er:

›Gott sei Dank!‹ oder ›Gib den Segen!‹ Dann soll er in der Güte, die aus der Furcht Gottes kommt, sogleich im Eifer der Liebe Bescheid geben« (67), im Glauben, daß im Ankommenden der Herr selber kommt und Segen bringt.

Wir müssen uns wohl fragen: Glauben wir an diese Bedeutung und Macht des Gebetes auch für unsere Begegnung mit den Menschen? Glauben wir, daß das Gebet, besonders das gemeinsame Gebet, eine soziale Wirkung hat? Gilt das Gesagte nicht grundsätzlich für die Beziehung der Menschen untereinander? Manche Begegnung würde sicher gesegneter und frohmachender werden, manches Gespräch fruchtbarer, wenn wir – besonders in schwierigen Situationen – ein »Kurzgebet» sprächen, wenn wir daran glaubten, daß »wenn zwei oder drei zusammenkommen im Namen des Herrn, er mitten unter ihnen ist« (Mt 18,20).

Alles echte Beten bedeutet nicht bloß Verbindung mit Gott, sondern auch Verbindung miteinander. Es löst göttliche Kräfte aus, um die Menschen mit Gott und untereinander zu verbinden.

Ich durfte einmal einen Einsiedlermönch in der Nähe von Montserrat besuchen. Ich habe selten einen Menschen mit so strahlenden Augen gesehen wie diesen Mönch. Er sagte: wenn er sich morgens erhebe, trete er ans Fenster, von dem aus er einen wunderbaren Blick hatte über die vor ihm liegende Gebirgslandschaft, die sich dann in die Ebene hinein verlor, und dann, sagte er: »oro pro toto mundo – ich bete für die ganze Welt«.

Es darf uns ein Grund der Hoffnung sein, daß es solche Menschen gibt und daß es Gebetsstätten gibt im ganzen Bereich der Christenheit, wo gebetet wird »für die ganze Welt«, »daß der Herr, der alles kann, Heil wirke« an der kranken Menschheit (28).

Gemeinschaft im Sinne Benedikts bedeutet nicht Uniformität. Wir hörten schon, welche Ehrfurcht Benedikt vor jedem Menschen in seiner Eigenart hat, wie eindringlich er den Abt mahnt, »er solle sich allen je nach der Veranlagung und Fassungskraft eines jeden anpassen« (2). Es muß Rücksicht genommen werden auf die Bedürfnisse des einzelnen (34), besonders auf die Kranken (37), auf die Alten und die Knaben (37), auf die »Schwachen« (35). Der Abt soll »sich die Beispiele weiser Mäßigung (discretio), der Mutter aller Tugenden, zum Vorbild nehmen und alles so maßvoll ordnen, daß die Starken finden, was sie wünschen, und daß die Schwachen nicht zurückschrecken« (64).

Der Sicherung der inneren Verbundenheit und Einheit dienen die Weisungen über die Rangordnung der Brüder, die sich im allgemeinen nach der Zeit des Eintritts regelt, und die Mahnung, auch die äußeren Formen des Anstandes und der Höflichkeit zu wahren (63). Zweimal kommt Benedikt auf das Verhältnis von Jungen und Alten zu sprechen und gibt dafür die kurze, aber bedeutsame Weisung: »Die Jüngeren sollen ihre Älteren ehren, die Älteren sollen ihre Jüngeren lieben« (63,4). »Ihre Älteren, ihre Jüngeren«, sagt Benedikt und drückt damit fein die Zusammengehörigkeit der Altersgruppen aus. Was wäre das Leben, was würde die Welt, wenn es keine Jüngeren mehr gäbe? Darum sollen die Alten sich freuen, daß das Leben in einer neuen Generation weiter geht. Das bedeutet nicht, daß sie alles billigen müssen, was eine jüngere Generation will und tut. Aber in Liebe sollen sie der Jugend positiv gegenüberstehen. Liebend sollen sie das oft ungestüme Drängen und die anderen Wege der Jugend zu verstehen suchen. Und die Jüngeren sollen Ehrfurcht haben vor den Menschen, die die Last und Not des Lebens Jahre und Jahrzehnte vor ihnen getragen haben, die den Grund gelegt haben, auf dem die Jugend weiter bauen kann. Nur in solch gegenseitiger Ehrfurcht und Liebe können die Spannungen überwunden werden, die heute mehr denn je bestehen zwischen denen, die glauben das, was überliefert ist, bewahren zu müssen, und denen, die sich ganz dem Neuen geöffnet haben.

Die häufigste Bezeichnung für die Glieder der Gemeinschaft ist in der Benediktusregel das Wort: »frater - Bruder«. Wenn Benedikt dem Abt sagt, seine Aufgabe sei es, den

Namen, den er trägt, zu erfüllen – nomen implere –, dann gilt das auch für die ganze klösterliche Gemeinschaft in bezug auf den Namen Bruder. Der Ruf nach Brüderlichkeit ist ein Kennzeichen unserer Zeit. Wir dürfen uns darüber freuen. Hier ist ein Hauptansatz für die Verkündigung der Frohbotschaft unseres Herrn, der uns die gegenseitige Liebe als sein »neues Gebot« gegeben und der die Verwirklichung dieser Liebe, dieser Brüderlichkeit als »Kennzeichen« seiner Jünger bezeichnet hat (Joh 13,34.35).

»Die Gestalt des Bruders steht im Zentrum des Christentums. ›Bruder‹ ist das Herzwort unseres Glaubens. Wenn es wirklich wahr ist, daß die menschliche Geschichte heute jene Schwelle übertritt, hinter welcher der Bruder plötzlich mit seiner ganzen Heiligkeit tragenden und stiftenden Wirklichkeit sichtbar wird, so müssen wir sagen: Das Christentum beginnt heute; endlich hat es seine Mitte gefunden« (Ladislaus Boros).

Wie sehr Benedikt die Verwirklichung dieser Bruderliebe am Herzen liegt, zeigen die Nachträge zur Regel, die von ihm selber stammen und die sich im Wesentlichen alle darauf beziehen. Im 69. Kapitel wendet Benedikt sich scharf gegen das Bevorzugen einzelner zum Schaden der Gemeinschaft, im 70. Kapitel umgekehrt gegen jede Anmaßung einer Strafgewalt, die nur den Obern zusteht, durch einzelne Brüder. »Man beuge im Kloster jeder Gelegenheit zur Anmaßung vor, und darum bestimmen wir, daß es keinem erlaubt ist, über einen Bruder die Strafe des Ausschlusses zu verhängen ...« Dem Sinn nach dürfen wir hinzudenken, daß niemand einen Mitbruder von seiner Liebe ausschließen und ihn ignorieren darf.

Vom Apostel Johannes wissen wir, daß er gegen Ende seines Lebens immer wieder mahnte: »Kindlein, liebet einander!« Als seine Jünger einmal, der ständigen Wiederholung überdrüssig, ihn fragten, warum er immer das gleiche sagte, erwiderte er: »So ist es das Gebot des Herrn, und wenn das allein geschieht, genügt es.«

Im letzten Kapitel seiner Regel (72) tritt Benedikt auch

vor uns wie der greise Johannes vor seine Jünger und mahnt uns »mit glühendster Liebe den guten Eifer zu betätigen«, der sich vor allem im gegenseitigen Verhältnis zeigen muß:

»In Ehrfurcht sollen die Brüder einander zuvorkommen. Ihre körperlichen und ihre sittlichen Schwächen sollen sie in aller Geduld ertragen.
Im Wetteifer sollen sie einander gehorsam sein.
Keiner strebe nach dem, was er für sich, sondern vielmehr nach dem, was er für den anderen als nützlich erachtet.
In lauterer Gesinnung sollen sie einander brüderliche Liebe erweisen.
In Liebe sollen sie Gott fürchten.
Ihrem Abt sollen sie in aufrichtiger und demütiger Liebe zugetan sein.
Christo sollen sie gar nichts vorziehen, Ihm, der uns alle zusammen zum ewigen Leben führen möge.«

»EINE GANZ BESCHEIDENE ANFANGSREGEL«

»Wer immer du also dem himmlischen Vaterland zueilst, befolge diese ganz bescheidene Anfangsregel, die mit Christi Hilfe geschrieben ist. Dann wirst du schließlich unter Gottes Schutz die Höhen der Lehre und der Tugend erreichen« (73).

Die Unruhe, die durch den Umbruch unserer Zeit überall zu spüren ist, hat auch das Mönchtum erfaßt. Auch hier ertönt der Ruf nach dem »aggiornamento« mehr oder weniger laut. Ja, man fragt, ob Mönchtum heute noch einen Sinn hat. Nicht wenige glauben, den Weg, dem sie sich einmal verschworen haben, verlassen zu müssen. Das braucht uns nicht zu verwundern. Das Mönchtum wäre nicht so im innersten Leben der Kirche verwurzelt, wenn nicht alles, was in der Kirche vorgeht, auch all ihre Erschütterungen, seine tiefen Auswirkungen auch für das Mönchtum hätte. Bei dem Ruf nach Erneuerung und Anpassung heute geht es nicht um äußere Änderungen, wie sie im Lauf der Geschichte immer wieder vorgenommen wurden.

Es geht um eine Neubesinnung in bezug auf den vornehmsten Dienst der mönchischen Gemeinschaften: das Gotteslob. Die Liturgie-Konstitution des Zweiten Vatikanums gab den Anstoß dazu. Es wurde in großzügiger Weise Erlaubnis zu Versuchen in diesem Bereich gegeben. Durch den Übergang zur Muttersprache, der weithin erfolgt ist, wird auch eine intensivere Beteiligung der »Welt«-Christen an der monastischen Liturgie möglich. Der hl. Benedikt selber hat für eine Reform den Weg freigegeben durch seine Erklärungen im 18. Regelkapitel, daß in den nach seiner Regel lebenden Klöstern durchaus nicht überall die gleiche Psalmenordnung eingehalten zu werden brauche.

Eine wichtige Aufgabe ist die volle Eingliederung der Laien in die monastische Familie. Die geschichtliche Entwicklung hat den Priestermönchen ein Gewicht verliehen, das der ursprünglichen Konzeption des hl. Benedikt nicht entspricht. Jetzt kehrt man zur Rangordnung der Benediktusregel zurück.

Wie sehr die Auffassung des hl. Benedikt von Autorität und Gehorsam auch in der gegenwärtigen Autoritätskrise wegweisend ist, haben wir gesehen. Bei all dem geht es letztlich um das Problem der Spannung zwischen Überlieferung und Fortschritt. Die einen sehen in einem möglichst treuen Festhalten an der Tradition den Bestand des Mönchtums am besten gesichert. Die anderen verweisen darauf, daß Benedikt selber die monastische Tradition seiner Zeit wohl prüfte und davon beibehielt, was ihm gesund und wertvoll schien, daß er aber auch in geradezu revolutionärer Freiheit neue Wege ging, wo er dies für erforderlich hielt.

Für alle diese Überlegungen ist hilfreich, was Benedikt selber im Schlußkapitel seiner Regel über deren Geltung sagt: »Diese Regel haben wir geschrieben, damit wir durch ihre Beobachtung in den Klöstern einigermaßen einen (unserem Stand geziemenden) würdigen Wandel und einen Anfang klösterlicher Lebenshaltung bekunden.

Am Schluß des Kapitels bezeichnet Benedikt nochmal seine Regel als eine »ganz bescheidene Anfangsregel«. Das ist sicher ein Ausdruck der Gesinnung der Demut, die Benedikt in seiner Regel lehrt und von der er selbst erfüllt war. Aber es steht dahinter die tiefe Weisheit des wahren Gottesmannes, der um das Geheimnis des göttlichen Gnadenwirkens weiß. Er ist überzeugt, daß seine Regel als Zusammenfassung der bisherigen monastischen Überlieferung ein Gnadengeschenk Gottes für ihn und für viele ist und daß sie darum »Autorität« beanspruchen und »heilig« genannt werden kann (37, 23). Doch bedeutet sie für ihn keinen Abschluß. Die entscheidende Haltung des Menschen Gott gegenüber ist ihm die Offenheit für das Wirken des Heiligen Geistes (Röm 8, 14), das ständige Horchen auf Gottes Ruf (Anfang der Vorrede), die Bereitschaft, zu jeder Stunde »den Antrieb der einströmenden göttlichen Gnade« (20) aufzunehmen.

Diese Haltung entspricht dem Wesen des geistlichen Lebens, das zutiefst vom Heiligen Geist geschenkt und gewirkt wird. Wer dürfte es wagen, gegenüber dem Wirken dieses Geistes eine abschließende Grenze aufzurichten? Diese Haltung entspricht auch dem Wesen des Mönchtums, das seiner Entstehung und seiner Natur nach charismatisch ist, Ausdruck einer gewaltigen Dynamik, ein Bereich, der unter der besonderen Einwirkung des göttlichen Geistes steht, der »weht, wo er will« (Joh 3, 8).

Wir berühren damit die Problematik, die über der Kirche selbst steht: die Spannung zwischen Charisma und Amt, zwischen frei waltender Gnade und fester Ordnung, geformter Institution. Beides gehört zusammen, steht freilich auch immer in Spannung. Die Not dieser Spannung wurde schon in der Urkirche spürbar. Die Glut der Begeisterung, die am Pfingsttag aufgebrochen war, mußte notwendig abkühlen in der Nüchternheit des Alltags. Die wachsende Zahl der Christen (wie später die wachsende Zahl der Mönche) zwang dazu, eine feste Ordnung zu suchen. Damit war die Gefahr der Institutionalisierung gegeben, die Gefahr der Gewöhnung und Verflachung, die Gefahr, den »Geist« einengen zu wollen. Es war die große Not eines hl. Franz von Assisi, daß seine ursprüngliche Regel, die aus ein paar Schriftworten bestand, und die schlichte Lebensform der mit dem Herrn in Einfalt und Liebe lebenden Jünger nicht genügte für Tausende, die ihm folgen wollten. Maria Ward, die Gründerin des »Instituts der seligsten Jungfrau«, erklärte am Anfang ihrer Regel: sie möchte am liebsten keine Regel schreiben; denn eigentlich müßte das »Gesetz der Liebe und Begeisterung, das der Heilige Geist den Seelen einzudrücken pflegt« genügen. Aber so, wie die Menschen sind, gehe es nun einmal nicht ohne Regel.

Das Kostbare an der Regel des hl. Benedikt, das, was ihr überzeitliche Geltung gab, ist gerade dies: daß diese

Regel wohl eine »Ordnung« schafft, daß sie ein »Gesetz« bietet, das eine brauchbare Lebensnorm für Abt und Mönche bildet; daß Benedikt aber diese Regel nur als »Anfang« bezeichnet. Er will diese Regel nicht als Abschluß, als Schlußstrich hinter der monastischen Tradition seiner Zeit oder als für alle Zeiten gültige Norm betrachtet wissen, sondern als Ausgangspunkt für neue Entwicklungen.

»Wer über sie hinaus zur Vollkommenheit im klösterlichen Leben eilt, der hat die Lehre der heiligen Väter, deren Beobachtung den Menschen zur Höhe der Vollkommenheit emporführt. Denn ist nicht jede Seite, ja jeder Ausspruch der von Gott beglaubigten Schriften des Alten und Neuen Testamentes eine ganz gerade Richtschnur für das menschliche Leben?[1] *Oder welches Buch der heiligen katholischen Väter redet nicht laut davon, wie wir geraden Laufes zu unserem Schöpfer gelangen? Aber auch die ›Unterredungen der Väter‹, ihre ›Einrichtungen‹*[2] *und ihre ›Lebensbeschreibungen‹, sowie die ›Regel‹ unseres heiligen Vaters Basilius*[3]*: was sind sie anderes als Tugendwerkzeuge für Mönche, die recht leben und gehorsam sind?«*

Benedikt nennt in der obigen Aufzählung natürlich nur Quellen des geistlichen Lebens, die ihm und seinen Zeitgenossen bekannt waren. Es wäre gegen den Sinn seiner Worte, wenn wir von uns aus einen Schlußstrich ziehen wollten, wenn wir nicht auch »katholische Väter« der Kirche aus späterer Zeit bis auf unsere Tage und auch für

[1] Das entspricht der Erklärung des Konzilsdekretes »Über die zeitgemäße Erneuerung des Ordenslebens«: »Letzte Norm des Ordenslebens ist die im Evangelium dargelegte Nachfolge Christi. Diese muß daher allen Instituten als oberster Grundsatz gelten.«

[2] Die Werke des südgallischen Abtes Kassian († nach 430) »Die Unterredungen der Väter« und »Die Einrichtungen der Klöster« vermittelten dem Abendland die Kenntnis des ägyptischen Mönchtums.

[3] Basilius, einer der geistigen Väter des östlichen Mönchtums, † 379.

die Zukunft als Lebensnorm zu Rate ziehen wollten. Darum müssen wir heute unter dem Begriff »katholische Väter« vor allem die Konzilsväter verstehen, die uns in den Dekreten und Konstitutionen des 2. Vatikanischen Konzils wertvolle »Werkzeuge« (4) für das monastische Leben und für das geistliche Leben überhaupt bieten.

Die Vielfalt der Heiligen Schrift und der anderen Quellen, die Benedikt nennt, führt zu dem Grundsatz der Freiheit für den einzelnen Menschen wie für die einzelnen Gemeinschaften, aus welchen Quellen sie ihr geistliches Leben nähren wollen. Der Reichtum der göttlichen Gnade ist unerschöpflich. Auch diesem Reichtum sollen alle sich das zu eigen machen, was ihrer von Gott gegebenen Natur entspricht.

Dieser Freiheit im Raum des Seelischen, der geistlichen Reifung, die für Benedikt selbstverständlich ist, entspricht es, daß er keinen Zentralorden gründen wollte, sondern daß er das einzelne Kloster – eine überschaubare Größe – zum eigentlichen Wachstumszentrum machte. Darum halten wir Benediktiner auch mit Recht daran fest, daß wir kein Orden im Sinne zentralisierter Orden sind, sondern nur ein Zusammenschluß von Abteien in Kongregationen und in einer alle umfassenden Konföderation. Auch die Einzelabtei stellt so einen »Anfang« dar und weiß sich verpflichtet, in treuer Befolgung der »bescheidenen Anfangsregel« nach den »Höhen der Lehre und Tugend« zu streben, auf die Benedikt hinweist. Das Festhalten an diesen Prinzipien bedeutet einen wesentlichen Dienst an der Kirche, für die ja auch das Grundgesetz der Einheit in der Vielheit und der Vielheit in der Einheit gilt.

Benedikt schließt seinen Hinweis auf die mannigfachen Weisungen für das monastische Leben mit dem Satz: »Wir Träge, die wir schlecht leben und nachlässig sind, müssen vor Scham erröten.« Angesichts der Überfülle göttlicher Begnadigung und Belehrung und angesichts des Reichtums heiliger Vorbilder, die uns geboten sind, müssen wir wahrlich Beschämung empfinden, daß wir durch diese Offenbarungen des Heiligen Geistes nicht »geraden Laufes zu unserem Schöpfer gelangen«. Durch solche Erkenntnis bleiben wir bewahrt vor aller Selbstsicherheit und Genügsamkeit, vor der Meinung, »wir hätten unser Ziel erreicht und wir wären vollkommen« (Phil 3,12). Auch der Blick auf eine glänzende Vergangenheit und ruhmreiche Tradition kann uns kein Anlaß zum Stolz, sondern eher zur Beschämung werden, wenn wir uns nicht bemühen, immer neu »anzufangen« und weiter zu schreiten auf dem Weg, den uns unsere Väter vorangegangen sind.

So enthüllt sich uns das Wort von der »bescheidenen Regel des Anfangs« als ein kostbares Vermächtnis unseres hl. Vaters Benedikt. Die darin grundgelegte Offenheit für neue Entwicklungen ist wohl auch ein entscheidender Grund dafür, daß seine Regel heute noch lebendig und wirksam ist.

Ludwig Kaufmann hat in der »Orientierung«[4] eine anregende Studie veröffentlicht: »Wird Ignatius wiederkommen?« Er spricht darin die Erwartung aus, daß unsere Zeit aus dem, was Ignatius grundgelegt hat, neue Möglichkeiten zur Entfaltung bringen könnte. In ähnlichem Sinn mag auch die Frage berechtigt sein: »Wird Benediktus wiederkommen?«

Wir haben an der Gehorsamsauffassung Benedikts gesehen, wie er einerseits in der damaligen monastischen Tradition wurzelt – wie er also fest in seiner Zeit steht – und wie er andererseits über die Tradition hinausweist, wie seine Regel auch in diesem Punkt einen »Anfang«, einen fruchtbaren Ausgangspunkt darstellt. So bedeutet alles, was Benedikt über Gehorsam und Freiheit, über Gemeinschaft und Person sagt, eine Öffnung und Hinführung zur Liebe, in der allein alle Spannungen und Gegensätze sich lösen.

Das gibt frohmachende Sicherheit, daß das benediktinische Mönchtum auch für Gegenwart und Zukunft Kräfte der

[4] »Orientierung« 29/14.15. 31. Juli / 15. August 1965.

Erneuerung in sich birgt. Wir dürfen nur nicht die Regel als Abschluß betrachten und an ihrem Buchstaben hängenbleiben. Bei ihrer Deutung muß uns »die Mutter der Tugenden, die Discretio« leiten, als »Unterscheidung« zwischen Geist und Form, auch als »Unterscheidung der Geister«. Wir müssen die Regel immer als »Anfang« sehen und, wie der hl. Benedikt, den Mut besitzen, von diesem Anfang aus weiterzuschreiten. Wir müssen, wie Ludwig Kaufmann am Schluß seines Aufsatzes betont, den »Mut zu neuen Charismen« haben und glauben, daß der Geist, von dem unser hl. Vater Benediktus sich leiten ließ, sich auch neue Formen schaffen kann, die unserer Zeit des Umbruchs gemäß sind. Wir erleben, daß solch neue Formen des gottgeweihten Lebens entstehen, in den Säkularinstituten, bei den Kleinen Brüdern und Schwestern Jesu. Warum sollten nicht auch im Mönchtum selber neue Entwicklungen einsetzen oder alte Formen, wie etwa das Eremitentum, sich neu beleben?

Im letzten Satz der ganzen Regel kehrt Benedikt zurück zu der Form der persönlichen Anrede, mit der er seine Regel begonnen hatte: »Wer immer du also dem himmlischen Vaterland zueilst, befolge diese ganz bescheidene Regel des Anfangs, die mit Christi Hilfe geschrieben wurde; dann wirst du schließlich unter Gottes Schutz die Höhen der Lehre und Tugend erreichen.« In dieser Hinwendung zur Person liegt große Tiefe. Das Letzte ist immer und überall die Person. In der Dreiheit der Personen gründet und gipfelt das göttliche Leben. Es gibt keine abstrakte Kirche, die unabhängig von ihren personhaften Gliedern bestünde. Die Kirche existiert in der Person des menschgewordenen Gottessohnes als ihrem Haupt. Ihr »großes Zeichen« (Offb 10, 1) ist Maria, die Ersterlöste. An sie schließt sich »die unzählbare Schar aus allen Nationen, Völkern und Zungen« (Offb 7, 9) an, die aber keine unpersönliche Masse darstellt. Jedes Glied hat seinen persönlichen »neuen Namen, den nur der kennt, der ihn empfängt« (Offb 2, 17).

Diese Ehrfurcht vor der Person ist ein besonderes Kennzeichen der Benediktusregel. Eindringlich legt Benedikt dem Abt immer wieder die Sorge für den einzelnen ans Herz. Das Gefüge der Gemeinschaft, wie Benedikt es aufbaut, ist frei von allen kollektivistischen Vorstellungen. Gehorsam ist nie ein unpersönliches Tun, sondern immer freie Entscheidung »aus Liebe, im Vertrauen auf die göttliche Hilfe« (68).

So bringt uns der hl. Benedikt am Ende unserer Erwägungen mit Eindringlichkeit ins Bewußtsein, daß die Lösung aller Spannungen letztlich in jedem einzelnen von uns liegt, in der liebenden Hingabe unseres *Ich an das göttliche Du* und in der gehorsamsbereiten, demütigen Öffnung unseres *Ich* zum *Bruder*, zur *Schwester*.

»AN DER BARMHERZIGKEIT GOTTES NIEMALS VERZWEIFELN!«

»Seine Hoffnung Gott anheimgeben!« (4) »Seht, in seiner Güte zeigt uns der Herr den Weg zum Leben« (Vorrede).

Im vierten Kapitel seiner Regel beginnt der hl. Benedikt mit der eigentlichen Einführung in das geistliche Leben oder, wie er sich ausdrückt, in »die geistliche Kunst«. Er tut dies, indem er zunächst, einer Gewohnheit seiner Zeit folgend, in kurzen Sätzen »die Werkzeuge der geistlichen Kunst« aufzeigt, »die wir Tag und Nacht unablässig gebrauchen sollen«. Das letzte dieser Werkzeuge ist: »De Dei misericordia numquam desperare – An der Barmherzigkeit Gottes niemals verzweifeln!«

Gerade ein ernstliches Bemühen um inneren Fortschritt im geistlichen Leben kann dazu führen, daß wir »verzweifeln« an der Möglichkeit, je fertig zu werden mit unseren Unvollkommenheiten und Schwächen, daß wir müde und resigniert den Kampf gegen böse Neigungen und Triebe aufgeben möchten. Wir erfahren doch alle immer wieder, was der Apostel Paulus von sich bekennt: »Ich weiß, in mir, in meinem irdischen Wesen, wohnt nichts Gutes: Das Gute zu wollen, liegt mir nahe, jedoch es zu vollbringen, nicht. Denn nicht das Gute, das ich will, tue ich. – Ich tue das Böse, das ich nicht will« (Röm 7, 14 f.). Wenn wir dann vielleicht noch schwere Verirrungen und Sünden zu bereuen haben, dann möchten wir alle »Hoffnung fahren lassen«: de-sperare. Da mahnt uns Benedikt eindringlich: »numquam de-sperare: niemals die Hoffnung aufgeben, niemals von der Hoffnung lassen!« Wir dürfen es deshalb nicht, weil es die »misericordia Dei« gibt, »Gottes Barmherzigkeit«.

Keine Eigenschaft Gottes wird so oft genannt in der Heiligen Schrift. Der Psalm 135 ist wie eine Litanei auf die Barmherzigkeit Gottes: »Danket dem Herrn, denn er ist gut: ewig währt seine Barmherzigkeit!« Immer wieder preist die Kirche die Barmherzigkeit Gottes und läßt uns um sie flehen. »O Gott, deine Barmherzigkeit ist ohne Maß und der Reichtum deiner Güte ist unerschöpflich«, beten wir nach dem Te Deum, das ausklingt in die Bitte: »Deine Barmherzigkeit geschehe an uns, wie wir auf dich vertrauen. Auf dich, o Herr, vertraue ich, ich werde nicht zuschanden in Ewigkeit.« Eines der eindringlichsten Gebete zum barmherzigen Gott ist die Oration des 27. Sonntags im Jahreskreis: »Allmächtiger, ewiger Gott! Im Übermaß deiner Güte gibst du den Flehenden mehr, als sie verdienen, und mehr als sie erbitten: gieße denn aus über uns deine Barmherzigkeit! Nimm weg, was das Gewissen bange macht und schenke dazu, was das Gebet nicht zu erbitten wagt!«

Was ist es um diese Barmherzigkeit Gottes? Otto Karrer nennt in seinem Neuen Testament das Gleichnis vom verlorenen Sohn »Gleichnis vom barmherzigen Vater«. Der Vater macht dem Heimkehrenden keinen Vorwurf. Er kann sich nicht genugtun, seine Freude zu zeigen über die Rückkehr seines Sohnes. Er veranstaltet ein Festmahl. Der ältere Bruder begreift das nicht; ja er wird zornig. Der Vater sagt nur: »Wir müssen doch feiern und uns freuen, denn dieser dein Bruder war tot und kam wieder zum Leben, er war verloren und hat sich wieder gefunden.« Alle Schuld, alle Irrwege scheinen vergessen zu sein.

Im Gleichnis vom Guten Hirten und von der verlorenen Drachme wird die Barmherzigkeit Gottes mit den Worten ausgedrückt: »Es wird im Himmel mehr Freude sein über einen Sünder, der sich bekehrt, als über 99 Gerechte, die der Bekehrung nicht bedürfen ... Ich sage euch: so ist Freude bei den Engeln Gottes über einen einzigen Sünder, der sich bekehrt« (Lk 15, 1 f.).

Die Kirche verbindet in ihren Gebeten gern den Lobpreis auf die Barmherzigkeit Gottes mit seiner Allmacht. Immer wieder ruft sie: »Allmächtiger und barmherziger Gott.« »Großer Gott, du offenbarst deine Allmacht vor allem im

Erbarmen und im Verschonen« betet sie am 26. Sonntag im Jahreskreis. »Darum nimm uns voll Liebe auf, selbst wenn uns schwere Schuld belastet.«

Wir wissen, wie schwer das Verzeihen werden kann, vollständiges Verzeihen eines erlittenen Unrechts, so daß die Erinnerung keinerlei Bitterkeit mehr weckt, sondern dankbare Freude, daß alle Bitterkeit verschwunden ist und daß der Schuldige jetzt anders gesinnt ist.

Gott hat die Macht, voll und ganz zu verzeihen, so zu verzeihen, daß die verziehene Schuld zur »felix culpa« wird, wie es die Kirche im österlichen Exsultet von der Schuld Adams singt: »O wahrhaft notwendige Schuld Adams, die durch den Tod Christi getilgt worden ist! O glückliche Schuld, die gewürdigt wurde, einen solch erhabenen Erlöser zu haben!«

Solche Barmherzigkeit hat dann auch die Kraft, in dem Sünder göttliche Gnadenkräfte zu wecken. Im verlorenen Sohn ist eine Liebe zum barmherzigen Vater entbrannt, wie sie der ältere Bruder, der immer beim Vater geblieben war, nicht hatte. In einer Magdalena wurde durch die verzeihende Liebe des Herrn eine Hingabegesinnung geweckt, zu der sie ohne diese verzeihende Liebe nie gekommen wäre. Der hl. Augustinus hat den Mut gehabt, dem Wort des hl. Paulus Röm 8,28: »Denen, die Gott lieben, gereichen alle Dinge zum Guten« hinzuzufügen: »auch die Sünde!« Er hat es an sich erfahren.

Wenn wir im Sinn des hl. Benedikt echtes Vertrauen auf die Barmherzigkeit Gottes haben, dann dürfen wir diese Wahrheit auch auf uns selber anwenden, auf alle Schuld unseres Lebens. Wir dürfen darauf vertrauen, daß der barmherzige Gott sie, wenn wir sie wahrhaft bereuen, zu einer »felix culpa« machen wird, zu einer glücklichen Schuld für uns und für die, gegen die wir uns verfehlt haben.

Dann braucht auch der größte Sünder nicht »verzweifeln«. Dann kann keiner mehr de-sperare: von der Hoffnung lassen.

Guardini nennt diese barmherzige Gesinnung Gottes Großmut[1]. »Haben wir einmal bedacht und nicht bloß obenhin, wie so Gedanken durch den Sinn laufen, sondern im Ernst – welche Gesinnung dazu gehört, daß Er, der Herr, die Welt liebt und will, sie solle sein Reich sein? Jedoch Reich der Freiheit; so erschafft Er Wesen, die mit, aber auch gegen seinen Willen wollen können ... Gibt ihnen seine Welt in die Hand, daß sie Sein Reich bauen, und vertraut, sie werden es auch tun ... Das ist Großmut, so hoch, daß man versucht ist, sie Torheit zu nennen, heilige Torheit des Ganz-Vornehmen, der die Möglichkeit, Er könne verraten werden, gar nicht in Rechnung zieht. Falls wir nicht sagen müssen, Er hat von vornherein auch die Verantwortung für das, was geschehen wird, auf sich genommen; göttlich entschlossen, selbst dafür einzustehen, daß Er ein endlich-freies Wesen erschaffen und ihm das Schicksal der Welt in die Hand gegeben habe. Das aber bedeutet, daß die Großmut Liebe ist; Seine Liebe, die wir von uns aus nicht erdenken können, weil das Anmaßung wäre. Er selbst muß sie uns kundtun.«

Es bedrängt uns doch alle immer wieder die Frage: Warum hat Gott es zugelassen, daß die Menschen, die er in Freiheit erschaffen hatte (und vor ihm die Engel), ihre Freiheit mißbrauchten? Warum hat er es zugelassen, daß sich »das Geheimnis der Bosheit« (2 Thess 2, 7) in der Geschichte der Menschheit in so schauriger Weise auswirken konnte und immer noch auswirken kann?

Wir können nur mit Guardini sagen: »Gott hat die Verantwortung für das, was geschehen ist, tatsächlich auf sich genommen. Er steht dafür ein, daß Er ein endlich-freies Wesen geschaffen und ihm das Schicksal der Welt in die Hand gegeben hat.« Ja, er steht dafür ein, daß durch die Sünde das Schicksal der Welt ein anderes geworden ist, als es seinem Schöpfungsplan entsprach. Er hat dieses Schicksal der Welt zu seinem eigenen Schicksal gemacht,

[1] Romano Guardini, Der Anfang aller Dinge, Würzburg 1961, S. 26.

indem er Mensch wurde, echter Mensch, in allem »uns Menschen gleich, die Sünde ausgenommen« (Phil 2, 7.8); Hebr 5, 15). Der menschgewordene Gottessohn hat die Sünden der Menschheit auf sich genommen, er hat sich so mit den sündigen Menschen identifiziert, daß Paulus sagen konnte: »Ihn, der die Sünde nicht kannte, hat er für uns zur Sünde gemacht, damit wir in ihm die Gerechtigkeit Gottes würden« (2 Kor 5, 21). »Gott hat um der Sünde willen seinen Sohn in einer Gestalt, dem sündigen irdischen Wesen ähnlich, gesandt, und hat in seinem irdischen Wesen das Urteil über die Sünde gesprochen« (Röm 8, 3). Gott selber nimmt in seinem Sohn die Sünde der Menschen mit all ihren Folgen – den Tod eingeschlossen – auf sich, um so nicht nur die Schuld der Menschen auszugleichen, sondern sie für die ganze Welt zur felix culpa zu machen. »Jesus Christus hat sich für unsere Sünden dahingegeben, uns aus der gegenwärtigen argen Welt zu retten, gemäß dem Willen Gottes, unseres Vaters« (Gal 1, 4).

Die Ostkirche singt an Marienfesten: »Würdig und recht ist es, daß wir dir, allmächtiger Vater, Dank sagen. Du hast dich gewürdigt durch Jesus Christus, deinen Sohn, unseren Herrn, unsere Schulden im voraus zu tilgen . . .«

So liebt Gott uns Menschen. »So sehr hat Gott die Welt geliebt, daß er seinen einzigen Sohn dahingab, damit jeder, der an ihn glaubt, nicht verlorengehe, sondern das ewige Leben habe. Gott hat ja seinen Sohn nicht in die Welt gesandt, daß er die Welt richte, sondern daß die Welt durch ihn gerettet werde« (Joh 3, 16.17).

Das ist Gottes Barmherzigkeit oder Gottes Liebe oder Gottes Großmut, wie wir sie nennen wollen. Wenn wir daran glauben, dann können wir wahrlich nicht mehr »verzweifeln«. Dann können und dürfen wir »niemals von der Hoffnung lassen«. Von der Barmherzigkeit, von der Großmut, von der Liebe dieses Gottes dürfen wir alles erwarten. »Wer soll es von Grund auf gut mit uns meinen, wenn nicht er?« Lassen wir wieder Guardini sprechen[2]:

[2] A. a. O.

»Wenn das alles so ist – und es ist so, die Offenbarung sagt es uns –, von wem könnten wir dann mehr erwarten, als von Ihm? Ob die Kümmerlichkeit unseres Daseins nicht daher kommt, daß wir uns mit ihrer bequemen Enge zufriedengeben und Seine Großmut nicht in Anspruch nehmen? Die wäre freilich fordernd, und wir müßten uns anstrengen. Sie würde uns aber ins Größere und Freiere führen – wer kann sagen, wie weit?«

Freilich, eines ist unumgänglich, wenn wir die Barmherzigkeit Gottes erfahren wollen: daß wir bereit sind, auch selber barmherzig zu sein. »Seid barmherzig, so wie euer Vater barmherzig ist! ... Selig die Barmherzigen; denn sie werden Barmherzigkeit erlangen« (Lk 6, 36; Mt 5, 7).

Wir kennen das Gleichnis von dem unbarmherzigen Knecht, dem der König eine Riesenschuld erläßt, die er nie hätte bezahlen können. »Der Herr hatte Mitleid mit dem Knechte, ließ ihn frei und erließ ihm die Schuld.« Als aber dieser einem Mitknecht eine lächerlich kleine Schuld nicht erlassen wollte, »sprach der Herr zu ihm: ›Du böser Knecht, jene ganze Schuld habe ich dir erlassen, da du mich anflehtest – hättest nicht auch du dich deines Mitknechtes erbarmen müssen, wie ich mich deiner erbarmte?‹ und zornig überlieferte ihn der Herr den Gerichtsknechten ...« und Jesus fügte hinzu: »So wird auch euer himmlischer Vater mit euch verfahren, wenn ihr nicht, ein jeder seinem Bruder, von Herzen verzeiht« (Mt 18, 23 f).

Mit spürbarer Wärme zeichnet der hl. Benedikt in den sogenannten Strafkapiteln (27) das Gleichnis des Guten Hirten und mahnt den Abt, dieses »gütige Beispiel des Guten Hirten nachzuahmen«. Im 64. Kapitel fordert er ihn noch einmal auf, »barmherzig zu sein und immer die Barmherzigkeit über die Gerechtigkeit zu stellen, damit er sie auch erlange«.

Die Brüder müssen gegeneinander barmherzig sein. Keiner darf sich eine Strafgewalt anmaßen, »wenn ihm nicht vom Abt Bevollmächtigung gegeben ist. Die sich dagegen verfehlen, sollen öffentlich gerügt werden, damit die übrigen Furcht bekommen« (70). »Der Morgen- und der Abendgottesdienst darf nicht vorübergehen, ohne daß am Schluß vom Oberen das Herrengebet gesprochen wird, so daß alle es hören wegen der Dornen der Ärgernisse, die zu entstehen pflegen, daß sie sich gezwungen durch die Verpflichtung, die in dem Gebet liegt: ›Vergib uns, wie auch wir vergeben‹, von einem solchen Fehler reinigen« (13).

Daß die Barmherzigkeit zur Grundhaltung der Mönche gehören muß, drückt das kleine Kapitel über »die Greise und Kinder« aus (37). »Wenn die menschliche Natur auch schon aus sich zur Barmherzigkeit gegenüber diesen Altersstufen, der Greise nämlich und der Kinder, gedrängt wird, so soll doch auch noch die Autorität der Regel dafür Sorge treffen. Bei diesen soll immer ihre Schwäche berücksichtigt werden, und es gelte für sie keinesfalls die Strenge der Regel bezüglich der Nahrung; es soll ihnen gegenüber immer gütige Rücksichtnahme herrschen, und sie sollen auch außerhalb der festgesetzten Zeiten etwas essen dürfen.«

Dieser Geist der Barmherzigkeit soll von der klösterlichen Gemeinschaft ausstrahlen auf alle, die ins Kloster kommen. Wenn an den Gästen nach damaliger Sitte von Abt und Brüdern die Fußwaschung vorgenommen wurde, dann sang man nach Weisung der Regel den Psalmvers: »Wir haben aufgenommen, o Gott, deine Barmherzigkeit inmitten deines Tempels« (53).

Misericordia – Barmherzigkeit kommt aus dem »Herzen«. Das tiefste Symbol der göttlichen Barmherzigkeit ist das am Kreuz durchbohrte Herz unseres Erlösers. Was haben die Menschen nur aus der »Herz-Jesu-Verehrung« gemacht! Welche Kräfte der Liebe und echter Barmherzigkeit würden durch die Verehrung des Erlöserherzens ausgelöst werden, wenn dieses Geheimnis des Herzens so gesehen würde, wie es Ratzinger in seiner »Einführung in das Christentum« tut[3]! »Johannes . . . schließt seine Darstellung des irdischen

[3] Joseph Ratzinger, Einführung in das Christentum, München ^{7}1968, S. 195 f.

Jesus mit dem Bild der Existenz, deren Wände aufgerissen sind, die keine festen Grenzen mehr kennt, sondern wesentlich Offensein ist: ›einer von den Soldaten stieß mit der Lanze in seine Seite und sogleich kam Blut und Wasser heraus‹ (Joh 19, 34). Im Bild der durchbohrten Seite gipfelt für Johannes nicht nur die Kreuzesszene, sondern die ganze Geschichte Jesu. Nun, nach dem Lanzenstich, der sein irdisches Leben beendet, ist seine Existenz ganz offen; nun ist er gänzlich ›Für‹, nun ist er wahrhaft nicht mehr ein einzelner, sondern ›Adam‹, aus dessen Seite Eva, eine neue Menschheit, gebildet wird ... Die offene Seite des neuen Adam wiederholt das Schöpfungsgeheimnis der ›offenen Seite‹ des Mannes: sie ist der Anfang einer neuen, definitiven Gemeinschaft der Menschen miteinander; als ihre Symbole stehen hier Blut und Wasser, womit Johannes auf die christlichen Grundsakramente Taufe und Eucharistie und durch sie hindurch auf die Kirche als das Zeichen der neuen Gemeinschaft der Menschen verweist. Der ganz Eröffnete, der das Sein ganz als Empfangen und Weitergeben vollzieht, ist damit sichtbar als das, was er im tiefsten immer war: als ›Sohn‹ ... der Mensch für die andern, der offene und damit einen neuen Anfang eröffnende Mensch zu sein, das heißt: der Mensch im Opfer, der geopferte Mensch sein. Die Zukunft des Menschen hängt am Kreuz – die Erlösung des Menschen ist das Kreuz. Und nicht anders kommt er zu sich selbst, als indem er die Wände seiner Existenz abbrechen läßt, zum Durchbohrten blickt (Jo 19, 37), dem nachfolgt, der als der Durchbohrte, Geöffnete, den Weg in die Zukunft eröffnet hat.«

Indem wir uns glaubend, vertrauend und liebend in das Geheimnis der Barmherzigkeit Gottes versenken, indem wir uns bemühen, »zu lernen von dem, der sanft- und demütig von Herzen« ist (Mt 11, 29), wird unser Herz weit, und wir laufen in der unaussprechlichen Wonne der Liebe den Weg der Gebote Gottes« (Vorrede).

»Dilatamini et vos!« ruft uns Paulus zu: »Werdet auch ihr weit!« (2 Kor 6, 13).

»IN DER FREUDE DES HEILIGEN GEISTES«
(1 Thess 1, 6)

»In diesen Tagen (der Fastenzeit) soll ein jeder über das ihm auferlegte Maß hinaus freiwillig etwas opfern in der Freude des heiligen Geistes ... In der Freude geistlicher Sehnsucht erwarte er das heilige Osterfest« (49).

Auch heute noch ist der Heilige Geist für viele Christen ein »unbekannter Gott« (Apg 17, 23; 19, 2). Und doch ist er die große Verheißung des Herrn, der »Beistand«, der bei den Jüngern sein und bleiben wird, der sein Werk zur Vollendung führt (Lk 24, 48.49; Joh 14, 16.17; 16, 7.13). Der wahre Jünger Jesu ist nach Paulus der vom Geist Jesu erfüllte und von ihm geleitete Christ, der »geistige oder geistliche Mensch« (1 Kor 2, 12—16).

Da ist es selbstverständlich, daß der hl. Benedikt, der uns in die »ars spiritalis — die geistliche Kunst« (4) einführen will, nachdrücklich auf den Heiligen Geist hinweist. Das Kernkapitel der Regula »über die Demut« schließt mit der zuversichtlichen Erwartung: »Das (was er über den Weg der Demut zur vollkommenen Liebe gesagt hat) wird der Herr an seinem Arbeiter, wenn er von Lastern und Sünden frei geworden ist, durch den Heiligen Geist Wirklichkeit werden lassen.« Ein solcher Hinweis, gerade an dieser Stelle, führt uns tiefer hinein in das Geheimnis des Heiligen Geistes und in das, was mit Demut als Weg zur vollkommenen Liebe gemeint ist.

Der Herr sagt vom Heiligen Geist: »Nicht aus sich wird er reden, sondern was er hört, wird er reden, und euch das Kommende kundtun« (Joh 16, 13).

Wir sind uns bewußt, daß alles Reden über das tiefste Geheimnis Gottes, sein dreifaltiges Leben, immer ein mühsames Gestammel bleibt, ein unvollkommener Versuch, in menschlichen Worten Un-sagbares auszudrücken. Aber Gott hat uns doch die Worte der Offenbarung gegeben, damit wir daraus mehr und mehr das Geheimnis der göttlichen Liebe erahnen.

»Gott ist die Liebe« (1 Joh 4, 8). Der Liebe ist, wenn wir so sagen dürfen, eine dreifache Bewegung eigen. Da ist die *schenkende Liebe,* in der der Vater den unendlichen Reichtum des göttlichen Seins dem Sohn mitteilt, ihn zeugend als »Gott von Gott, Licht vom Licht, wahrer Gott vom wahren Gott«. Und im Sohn wiederum ist die *empfangende Liebe,* die sich dankend der schenkenden Liebe des Vaters öffnet – so öffnet, daß er ganz »das Wort« des Vaters ist, »der Abglanz seiner Herrlichkeit und Abbild seines Wesens« (Joh 1, 1.2; Hebr 1, 3).

Wenn der menschgewordene Sohn vom Vater spricht, betont er immer wieder, daß alles, was er ist und was er tut, vom Vater kommt. Es ist seine Freude, daß er am Ende seines Lebens von seinen Jüngern sagen kann: »Jetzt haben sie erkannt, daß alles, was du mir gegeben hast, von dir ist ... Sie sind wirklich zur Erkenntnis gekommen, daß ich von dir ausgegangen bin; zum Glauben, daß du mich gesandt hast« (Joh 17, 7.8). In dieser dankbar empfangenden Liebe schenkt sich der Sohn dem Vater wieder zurück: »Das Meine ist ja alles dein und das Deine mein« (Joh 17, 10).

So sind Vater und Sohn ganz »eins«, so eins, daß Jesus sagen kann: »Der Vater ist in mir und ich im Vater« (Joh 10, 29.38). Diese Einheit aber ist da, weil der Heilige Geist »nicht aus sich redet, sondern nur redet, was er hört« vom Vater und vom Sohn. Er ist ganz für Vater und Sohn da, als die *»dienende Liebe«,* die Liebe, die nichts für sich selbst will und sucht, die ganz für andere da ist. Wir spüren wieder das Ungenügende aller Versuche, für »unaussprechliche Worte« (2 Kor 12, 4) einen menschlichen Ausdruck zu finden. Aber in jeder wahren Liebe muß diese dreifache Bewegung da sein: das Schenkenwollen, die Bereitschaft zu empfangen und die dienstbereite Selbstlosigkeit.

Weil der Heilige Geist der absolut Selbstlose ist, darum ist er, wie ein Theologe unserer Tage es ausdrückt, das heilige »Wir«, welches das »Ich« des Vaters und das »Du« des Sohnes zur Einheit verbindet[1]. Er ist die lebendige Glut, die sie zur Einheit zusammenschmilzt, die göttliche Kraft, die aus beiden Eines macht. So bewirkt der Heilige Geist, nein, so *ist* der Heilige Geist die Einheit von Vater und Sohn. So ist er die Ursache, der Grund, daß Gott das ist, was er ist: *Liebe*.

Eben deshalb, weil der Heilige Geist in diesem Sinn »dienende Liebe« ist, absolute Selbstlosigkeit, deshalb sammelt sich in ihm gleichsam die ganze Kraft des Vaters und des Sohnes, und ist er der Schöpfer-Geist, den »Gott uns sendet, und alles wird neu geschaffen und das Angesicht der Erde erneuert sich« (Ps 103). Eben deshalb sammelt sich im Heiligen Geist die ganze Liebe des Vaters und des Sohnes und kann »durch den Heiligen Geist die Liebe Gottes ausgegossen werden in unsere Herzen« (Röm 5, 5).

Wir ahnen neu, was die Worte Dostojewskis besagen, die wir betrachtet haben: »Die demütige Liebe ist eine furchtbare Kraft, sie ist die allergrößte Kraft und ihresgleichen gibt es nicht«[2]. Läßt uns das Pfingstgeschehen nicht dieses geheimnisvolle Wesen des Heiligen Geistes, seine Kraft und Wirksamkeit wie in einem lebendigen Bild und Gleichnis schauen? »Die Menge derer, die sich dem Glauben zugewandt hatten, war ein Herz und eine Seele . . . sie hatten alles gemeinsam« (Apg 4, 32). Aus der Vielheit wird in der Kraft des einen Geistes der Liebe Einheit, aus der »Menge« wird »ein Herz und eine Seele«: es wird »Gemeinschaft des Heiligen Geistes« (2 Kor 13, 13).

Auch hier leuchtet wieder das geheimnisvolle Wesen des Heiligen Geistes auf, »der vom Vater und vom Sohn ausgeht«, in dem die Liebe von Vater und Sohn sich sammelt, so daß »*ein* Gott« ist, und dieser »Gott *Liebe* ist«. Auch wenn unter Menschen Gemeinschaft entsteht, ist es so, daß

[1] Heribert Mühlen, Der Heilige Geist als Person, Münster [2]1963. – Vgl. E. M. Heufelder, Neues Pfingsten, Meitingen [2]1970. – Ders., Erweis des Geistes und der Kraft, Meitingen 1970. – Ders., Der Geist betet in uns, Meitingen 1973. [2] Vgl. hier S. 89.

die Liebe von jedem der Liebenden ausgeht und daß diese Liebe dann zusammenströmt zu einer Liebe, die die Liebenden verbindet und »ein Herz und eine Seele« werden läßt.

So gibt es letztlich nur eine Liebe, »die Liebe Gottes, die ausgegossen wird in unsere Herzen durch den Heiligen Geist, der uns gegeben wird« (Röm 5, 5). So kann der Herr in seinem letzten Gebet als tiefstes Ziel seiner Sendung die Bitte aussprechen, daß seine Jünger »eins seien wie er und der Vater«, daß alle, »die durch das Wort der Jünger an ihn glauben«, untereinander ein Abbild werden der Einheit von Vater und Sohn im Heiligen Geist. So können sie mithineingenommen werden in die Einheit der »beata Trinitas – der seligen Dreieinigkeit«: »Ich bitte, daß alle eins seien, wie du, Vater, in mir und ich in Dir; daß auch sie *in uns* eins seien – daß sie vollendet seien zur Einheit – daß die Liebe, mit der du mich geliebt hast, in ihnen sei und ich in ihnen« (Joh 17, 10 ff).

Wir verstehen, warum der hl. Benedikt, wo er daran geht, »mit Gottes Hilfe eine Lebensordnung für das stärkste Mönchsgeschlecht, für die in Gemeinschaft lebenden Mönche, zu schaffen« (1), als Leitwort für die Gemeinschaft das Apostelwort Röm 8, 15 wählt: »Ihr habt den Geist der Kindschaft empfangen (den Geist, der euch zu Söhnen, zu Kindern Gottes macht), in dem wir rufen: Abba, Vater!« (2). Die Mönchsgemeinschaft, für die er seine Regel schreibt, soll versuchen, das, worum der Herr in seinem letzten Gebet gefleht hat, zu verwirklichen. Sie soll ganz ausgerichtet sein auf den »Vater, von dem jede Vaterschaft im Himmel und auf Erden den Namen hat« (Eph 3, 15).

Der Abt, der den Namen Vater trägt, muß sich bemühen »nomen implere«, das, was dieser Name in sich schließt, auch zu verwirklichen. Dann müssen auch die Glieder der Gemeinschaft den Namen »frater – Bruder«, den Benedikt am häufigsten zur Bezeichnung der Glieder der Gemeinschaft verwendet, ganz ernst nehmen in einem echten Bruder-sein.

So mag die Mönchsgemeinschaft unablässig danach streben, jene Einheit zu verwirklichen, um die Jesus für seine Jünger gebetet hat (Joh 17). So mag sich in ihr etwas wiederholen von dem, was der Verfasser der Apostelgeschichte uns so anschaulich vor Augen stellt (Apg 2, 42 f; 4, 32 f). In der Urkirche sah man ja immer ein Vorbild für das zönobitische Leben. Benedikt selber verweist in seiner Regel auf dieses Urbild mönchischen Gemeinschaftslebens (33.34. 48.).

In einer Zeit, in der man gern von »vaterloser Gesellschaft« spricht und in der man das eigentliche Wesen des Christentums verengen möchte auf »Mitmenschlichkeit« und »Brüderlichkeit«, ist es gut, das alles zu bedenken. Es gibt keine Brüderlichkeit ohne Vaterschaft. Jesus Christus kann nur deshalb unser Bruder sein, »der Erstgeborene unter vielen Brüdern« (Röm 8, 29), weil »der Vater unseres Herrn Jesus Christus, uns durch Jesus Christus zur Kindschaft in ihm vorherbestimmt hat« (Eph 1, 3–5), weil der Vater »uns in Gnaden in die Zahl seiner Söhne aufgenommen hat«. Wir können nur dann untereinander Brüder sein, wenn wir auf diesen gemeinsamen Vater schauen, den wir »nicht durch unser böses Tun betrüben dürfen, dem wir vielmehr allezeit gehorchen müssen mit Hilfe der guten Kräfte, die er in uns hinein gelegt hat« (Vorrede zur Regel).

So könnte man wohl sagen: Wenn man der monastischen Gemeinschaft, für die Benedikt seine Regel schrieb, eine besondere Aufgabe in der Kirche zugewiesen sehen möchte, dann ist es wohl diese: Die Söhne und Töchter St. Benedikts sollten christliche Gemeinschaft im Blick auf das dreifaltige göttliche Leben und im Blick auf die Urkirche zu verwirklichen suchen, und sie sollten brüderlich und schwesterlich auch den Christen in der Welt, soweit es möglich ist, an dieser Gemeinschaft Anteil geben. Nach nichts verlangen die Menschen unserer Tage mehr als nach echter Gemeinschaft.

Jetzt wird uns aber auch klar, warum für den hl. Benedikt die Demut zentrale christliche Grundhaltung ist. Das Kennzeichen der »Kinder Gottes« ist, daß »sie sich treiben lassen vom Geiste Gottes« (Röm 8, 14), und »Gemeinschaft des Geistes« wird nur, wenn wir »im Geiste wandeln« (Gal 5, 16). Im Wesen des Heiligen Geistes aber ist, wie wir gesehen haben, dies das Entscheidende und Kennzeichnende, daß er »nicht aus sich redet«, daß er absolute Selbstlosigkeit ist, daß in ihm »dienende Liebe« in höchster Hingabebereitschaft verwirklicht ist.

Otto Karrer trifft den entscheidenden Punkt, wenn er in seinem NT Gal 5, 13 f so übersetzt: »Ihr seid zur Freiheit berufen, Brüder, nur macht aus der Freiheit keinen Anlaß für die menschliche Selbstsucht, sondern dienet einander in Liebe! ... Ich bitte euch, wandelt im Geiste und ihr werdet nicht dem Gelüste der menschlichen Selbstsucht folgen. Denn das Gelüste der Selbstsucht ist wider den Geist – wie das Verlangen des Geistes wider die Selbstsucht angeht: die liegen im Streit miteinander.« Die Selbstsucht ist der schärfste Gegensatz zum Geist der Liebe, und der Sinn des Weges, den Benedikt seine Jünger auf den »Stufen der Demut« führt, ist eben der, daß sie frei werden von aller Selbstsucht, von aller Verfangenheit und Verkrampfung ins eigene Ich und dadurch »zur vollkommenen Liebe Gottes gelangen, die die Furcht vertreibt. In Kraft dieser Liebe kommt der Mönch dazu, alles, was er bisher nicht ohne inneres Widerstreben (eben weil sich das selbstsüchtige Ich dagegen auflehnte) tat, nunmehr mühelos – quasi naturaliter –, wie etwas Natürliches und Gewohntes tut« – weil ihm die selbstlose Liebe gleichsam zur Natur geworden ist. Diesen Worten fügt Benedikt die Versicherung hinzu: »Das wird der Herr *in Gnade durch den Heiligen Geist* wirken« (Schluß von c. 7).

Paulus kennzeichnet diesen Zustand Gal 5, 22–26 in scharfer Gegenüberstellung zu den »Werken der menschlichen Selbstsucht« durch Schilderung der »Frucht des Geistes«: »Die Frucht des Geistes ist: Liebe, Freude, Friede, Geduld, Freundlichkeit, Güte, Treue, Milde, Keuschheit (Enthaltsamkeit).«

Wenn wir das, was Paulus als Frucht des Geistes bezeichnet, genauer überdenken, finden wir für jede »Frucht des Geistes« Worte und Gedanken aus der Benediktus-Regel.

Schon in der Vorrede zur Regel spricht Benedikt von der »unaussprechlichen Wonne der Liebe, die das Herz weit macht« und uns »den Weg der Gebote Gottes«, von der Liebe beschwingt, »laufen« läßt. Das Ziel, zu dem er uns in seiner »Schule des Herrendienstes«, besonders in seiner Demutslehre führen will, ist »die vollkommene Liebe Gottes, die die Furcht vertreibt« (7) und die echte »lautere Bruderliebe« (72).

Zur *Freude* ruft Benedikt auf, wenn er uns besonders für die Übung des Gehorsams das Wort des Apostels nahelegt: »Einen fröhlichen Geber liebt Gott« (5). »Im Haus Gottes soll niemand in Trauer oder Verwirrung sein«, ist sein Wunsch (31). Alles Schwere, besonders die Opfer, die in der Fastenzeit gebracht werden sollen, sollen »in der Freude des Heiligen Geistes« getragen werden, im Blick auf »das heilige Ostern, das alle in der Freude geistlicher Sehnsucht erwarten sollen« (49).

»Suche den *Frieden* und gehe ihm nach!« Dazu fordert Benedikt auch schon in der Vorrede zur Regel auf. Daß »alle Glieder der Gemeinschaft in Frieden sein möchten« (34), daß »Freude und Liebe bewahrt werden« (65), ist sein großes Anliegen. Wenn Uneinigkeit entsteht, dann soll jeder Mönch danach trachten, »vor Sonnenuntergang in den Frieden zurückzukehren« (4).

Ausführlich spricht Benedikt über die *Geduld* (bei der vierten Stufe der Demut [7]). Es ist Zeichen des »guten Eifers«, daß die Brüder ihre körperlichen und seelischen Schwächen in aller Geduld ertragen« (72).

Zur Freundlichkeit mahnt Benedikt besonders den Cellerar, der die Brüder »nicht betrüben soll, auch wenn einer eine unvernünftige Bitte an ihn stellt. Wenn er nichts zu geben hat, möge er wenigstens ein gutes Wort schenken nach dem Grundsatz: ›Ein gutes Wort geht über die beste Gabe‹« (31). – Mit aller Freundlichkeit sollen die Gäste empfangen und bewirtet werden: »Alle Menschlichkeit soll ihnen erwiesen werden« (53). Diese Freundlichkeit soll jedem, der an die Klosterpforte kommt, entgegengebracht werden. »Mit aller Freundlichkeit, die aus der Furcht Gottes kommt, soll der Pförtner jedem Bescheid geben, in Eile und mit dem Eifer der Liebe« (67).

Der *Güte* ist ein ganzes Kapitel der Regel gewidmet, das alle früheren Weisungen zusammenfassende Kapitel »vom guten Eifer, den die Mönche haben sollen«, wir können auch übersetzen: »Vom Eifer der Güte« im Gegensatz zum »bösen Eifer der Bitterkeit« (72).

Um die Mönche in der *Treue* im Dienste Gottes und der Treue gegenüber der klösterlichen Gemeinschaft zu erhalten, läßt Benedikt sie ein eigenes Versprechen der Treue ablegen, das Gelöbnis der Stabilitas, der Beständigkeit.

Zur *Milde* besonders gegenüber fehlenden und irrenden Brüdern nach dem Beispiel des Guten Hirten mahnt Benedikt besonders den Abt (27). »Immer stelle er die Barmherzigkeit über die Gerechtigkeit« (64).

Auch die Mahnung zur *Keuschheit*, zur Enthaltsamkeit finden wir in den »Werkzeugen der geistlichen Kunst« (4): »Die Keuschheit lieben.«

Der hl. Paulus schließt seine Gedanken über die »Frucht des Geistes« mit dem Satz: »Die Christus Jesus angehören, haben ihr selbstsüchtiges Wesen mit seinen Leidenschaften und Begierden gekreuzigt« (Gal 6, 24). Wurzel der »Frucht des Geistes« ist die Demut, in der wir uns von allem selbstsüchtigen Wesen und Streben zu reinigen suchen.

Auf dieses Bemühen trifft zu, was Paulus im Galaterbrief schreibt: »Wenn wir im Geiste leben, so laßt uns auch im Geiste wandeln!« (Gal 6. 25). In solchem Leben wird der Mensch der »homo spiritalis – der geistige oder geistliche Mensch«, der der Christ nach 1 Kor 2, 12–16 werden muß.

Benedikt gebraucht diese Bezeichnung auch in bezug auf den Abt, der seinen Mönchen in Wahrheit ein »geistlicher Vater« sein soll, und in bezug auf die »seniores spiritales –

geistliche Ältere«, die ihren Brüdern helfen sollen, »die Wunden der Seele zu heilen« (46.49).

Zum Abschluß unserer Betrachtung über den Heiligen Geist müssen wir noch einmal vom Gebet sprechen, das sowohl der hl. Paulus wie der hl. Benedikt in einer besonderen Beziehung zum Heiligen Geist sieht.

Röm 8, 26.27 lesen wir: »Der Geist nimmt sich unserer Schwachheit an. Denn um was wir beten sollen, wie es sich gebührt, das wissen wir nicht; doch der Geist selbst tritt für uns ein mit unaussprechlichen Seufzern (oder mit wortlosem Seufzen). Der die Herzen durchforscht, weiß um das Anliegen des Geistes; denn er tritt im Sinne Gottes ein für die Heiligen.«

Benedikt mahnt im 20. Kapitel seiner Regel, daß »das Gebet kurz und lauter sein soll, außer es wird verlängert unter dem Antrieb der einströmenden göttlichen Gnade – ex affectu inspirationis divinae gratiae«.

Wenn das Geheimnis der Gnade letztlich dies ist, daß wir hineingenommen werden in das Leben des Dreifaltigen Gottes, daß wir gnadenhaft Anteil erhalten an der Sohnschaft des eingeborenen Sohnes des Vaters, an seiner Herrlichkeit, an der Liebe, mit der der Vater ihn liebt (Eph 3–6; Joh 17, 22.26), dann dürfen wir wohl das Urbild alles Betens in dem sehen, was zwischen Vater und Sohn vor sich geht, im dreifaltigen göttlichen Leben. Wir spüren wieder die Unzulänglichkeit aller menschlichen Worte und Begriffe. Aber wir dürfen doch die Worte der Schrift immer wieder gebrauchen, um uns durch sie in Ehrfurcht und Liebe an das Geheimnis Gottes heranzutasten.

Was sagen – menschlich ausgedrückt – Vater und Sohn einander? Es ist einer da, »der es hört und der uns Kunde davon gibt, was er hört«, der Heilige Geist (Joh 16, 13). Was hört er? Letztlich sammelt sich alles in dem unausschöpfbaren Wort, das der Sohn spricht: Abba, Vater[3]! Immer wieder läßt der Geist den menschgewordenen Got-

[3] Vgl. S. 30.

tessohn dieses Wort sprechen, und wenn Jesus es spricht, »frohlockt er im Heiligen Geist« (Lk 10, 21 f; Mt 11, 25 f). Und was der Vater spricht, erahnen wir aus den Worten, die bei der Taufe Jesu hörbar geworden sind: »Du bist mein geliebter Sohn, an dir finde ich Wohlgefallen« (Lk 3, 22; Mt 3, 17; Mk 1, 11).

Und nun »bezeugt der Geist unserem Geiste, daß wir Kinder Gottes sind« und »in diesem Geist dürfen auch wir rufen: Abba, Vater!« (Röm 8, 15.16). Ja, noch mehr. Der Geist selber ruft in uns, was der Sohn dem Vater entgegenruft: »Ja, ihr seid Kinder«, sagt uns Paulus. »Sandte doch Gott den Geist seines Sohnes in unser Herz, der ruft (wörtlich heißt es: »der schreit«! Es ist, wie wenn man einen Jubelruf ausstößt!): Abba, Vater! So bist du – dank Gott – nicht mehr Knecht, sondern Kind, und wenn sein Kind, dann auch Erbe« (Gal 4, 6.7).

Wir wissen um die Not des Betens. Nicht nur »um was wir in rechter Weise beten sollen, wissen wir nicht«, auch oft nicht, wie wir beten sollen. Sollten wir da nicht glaubend und vertrauend zum Geist rufen, daß »er sich unserer Schwachheit annehme«, daß er in uns beten möge »mit wortlosem Seufzen«? Wir müßten uns da freilich sehr mühen um innere Stille, um wahre Innerlichkeit. »Wer Gott reden hören will, dem müssen alle Stimmen stumm geworden sein«, heißt ein Dichterwort aus unserer Zeit. Wir müßten uns vorbehaltlos dem »Antrieb der einströmenden göttlichen Gnade« zu öffnen suchen, uns ganz in Gottes Willen hineingeben, bereit, uns »vom Geist Gottes treiben zu lassen« (Röm 8, 14). Es müßte ähnlich sein, wie es im Bereich der Kunst geschieht, wenn der Künstler sein Instrument gebraucht, wenn er seine Geige spielt. Wer spielt eigentlich? Der Künstler oder das Instrument? Sicher nicht der Künstler ohne das Instrument und noch weniger das Instrument ohne den Künstler. Aber wenn wir uns so in die Hand Gottes fügten, wie das Instrument in die Hand des Künstlers, könnte nicht immer wieder »ein neues Lied« erklingen zu Gottes Ehre? Sicher müßten wir uns vor allem bemühen, immer selbstloser zu werden, immer mehr bereit zur »demütigen Liebe«, die im göttlichen Geist in höchster Vollendung göttliche Person ist. Wir müßten Gott immer wieder bitten, daß er uns, wie Benedikt sagt, »rein mache von Lastern und Sünden«, von der Wurzel aller Sünde, der Selbstsucht, der Ich-Bezogenheit, daß er uns erkennen lasse, wo wir uns noch vom eigenen Geist treiben lassen, statt vom Geiste Gottes, und daß er uns bereit mache, uns ihm radikal zu überlassen.

Dann mag uns geschenkt werden, daß »der Geist unserer Schwachheit zu Hilfe kommt, daß er in uns betet«. Dann mag uns manchmal etwas zuteil werden von jener »Freude im Heiligen Geist«, von der uns Lk 1, 39 f berichtet: »In jenen Tagen machte sich Maria auf, und in freudiger Eile zog sie ins Bergland hinauf nach einer Stadt in Juda. Sie trat in das Haus des Zacharias und grüßte Elisabeth. Als Elisabeth Mariens Gruß vernahm, da hüpfte das Kind in ihrem Schoße; und Elisabeth ward vom Heiligen Geist erfüllt und rief mit lauter Stimme: ›Gesegnet bist du unter den Frauen! Und gesegnet ist die Frucht deines Leibes! Woher wird mir die Gunst, daß die Mutter meines Herrn zu mir kommt? Als der Klang deines Grußes mir zu Ohren drang, da hüpfte das Kind in meinem Schoße vor Jubel auf. Selig, die du geglaubt hast! Denn es wird in Erfüllung gehen, was dir vom Herrn verkündet ward.‹« Da brach aus dem Herzen Mariens »in der Freude des Heiligen Geistes« der Lobgesang auf Gottes unendliche Liebe und Barmherzigkeit auf, der seither nie mehr verstummt ist.

Dieses Bild der »im Geist jubelnden« Mutter des Herrn (Lk 10, 21) möge immer wieder vor uns stehen. Maria war zu Elisabeth gekommen um ihr »drei Monate lang« (Lk 1, 56) zu dienen; bis zur Geburt des Täufers.

Wenn wir nach einem menschlichen Vorbild Ausschau halten, in dem, nächst dem menschgewordenen Gottessohn, der Heilige Geist sich ein vollkommenes Bild und Gleichnis seines Wesens schuf, dann finden wir Maria, die Mutter Jesu, die nichts sein will als »Magd des Herrn«, demütige, dienende Liebe, die immer nur redet und tut, »was sie hört«, die immer offen ist für Gottes Ruf (Lk 2, 19.51; 11, 20). Darum konnte auch »der Heilige Geist über sie kommen und konnte die Kraft des Höchsten sie überschatten. Darum wurde auch das Heilige, das aus ihrem Schoße hervorging, der Sohn Gottes« (Lk 1, 35).

Hören wir auf das Wort des hl. Benedikt in seiner Vorrede zu seiner Regel und am Schluß des Kapitels über die Demut:

»Wer Ohren hat zu hören, der höre, was der Geist
den Gemeinden sagt!
Und was sagt Er?
Kommt Kinder, höret mich!
Die Furcht des Herrn will ich euch lehren –
und die vollkommene Liebe,
die die Furcht vertreibt!«
Dann gelangen wir zur rechten
Weite des Herzens.